MAPAS MENTALES
ACELERA TU CREATIVIDAD

RAIMON SAMSÓ

EDICIONES
INSTITUTO EXPERTOS

ÍNDICE

1. Mapas mentales para el éxito — 7
2. Aplicaciones de los mapas mentales — 23
3. Cómo hacer un mapa mental — 43
4. Mapas mentales para emprender — 53
5. Mapas mentales para la creatividad — 65
6. Mapas mentales con el ordenador — 75
7. Cómo ser más creativos — 85
8. Sigue avanzando con mapas mentales — 95

El Autor — 99
Conecta con el Autor — 101
Te pido un favor — 103

1
MAPAS MENTALES PARA EL ÉXITO

PERMÍTEME que me presente con un mapa mental, el de mi *curriculum vitae*, como autor y experto entre otras cosas en mapas mentales.

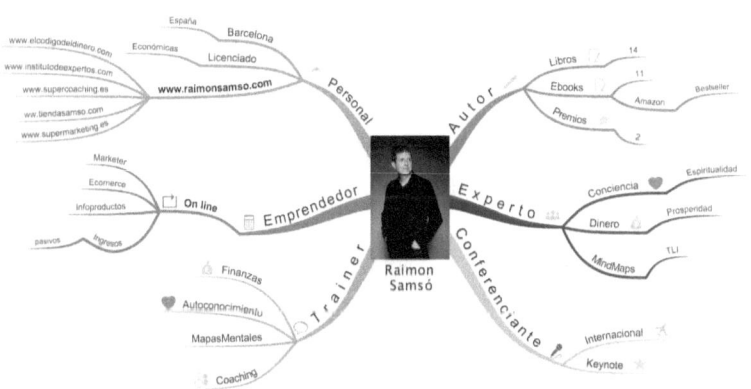

| Raimon Samsó en un mapa mental.

Esto es algo que realmente me apasiona, el compartir con los demás las herramientas del éxito. Así que en el caso que me ocupa, voy a proporcionarte la auténtica herramienta de los genios: los mapas mentales (*mind maps*, en inglés). Han cambiado mi vida y lo harán con la tuya.

Conocí esta técnica años atrás, cuando trabajaba para un banco. Recuerdo que fue durante un aburrido curso al que me mandaron. Y aunque por más que lo intente, no logro acordarme del tema de dichas jornadas (que por cierto, ¡duraban tres días!, qué lástima de días perdidos…), sí que sé que fue allí donde descubrí la herramienta que tanto ha cambiado mi vida y mi trabajo. Así que como ves, de aquella aburrida e interminable sesión no quedó nada más que lo imprescindible, ¡los mapas mentales!

Para mí esta enseñanza fue lo único válido de aquel curso, porque de hecho, hizo que mi vida cambiara por completo. Y soy consciente de que hablo de algo que pasó hace quince años, pero es que se trata de algo tan útil que ahora ya no me imagino el trabajar sin usar mapas mentales.

Quince años después me hallaba sentado ante el creador de los mapas mentales, Tony Buzan, en una escuela de negocios de Londres, recibiendo su entrenamiento para poder ser entrenador autorizado por Tony Buzan e impartir el seminario: "Mapas Mentales Practitioner".

Un sueño cumplido.

He conocido a muchos autores y gurús en persona, pero he de decir que éste me cautivó desde el primer momento, es una de las personas más gentiles que he conocido, más educado, y sobre todo humilde.

Fueron cinco días extraordinarios, conviviendo con gente de todo el mundo, y con el gran maestro de los mapas mentales, que nos enseñó -de primera mano- cómo enseñar al mundo a hacerlos.

Nos reunimos dos docenas de personas de todo el mundo y compartimos la pasión por aprender cómo funciona el pensamiento.

Practicamos hasta la extenuación, hicimos mapas mentales hasta agotar los rotuladores. Y pasamos un examen oral ante el mismo Tony Buzan.

Un reto y todo un placer. Inolvidables días con el gran maestro. Por desgracia este gran hombre murió y hoy le echamos de menos, siempre le recordaré con cariño.

Agradezco la fortuna de haberlo conocido en persona y de recibir sus enseñanzas durante cinco días de convivencia en UK.

> Aprender con los mejores es la garantía de aprender bien. En la imagen, Tony Buzan (el inventor de los mapas mentales modernos) y Raimon Samso, autor de este libro / *ebook*. Con el título de certificación como entrenador de mapas mentales.

| Tony Buzan y Raimon Samsó.

Hoy estoy acreditado como TLI (ThinkBuzan Licensed Instructor).

Este libro / *ebook* refleja algunas de las instrucciones recibidas personalmente de Tony Buzan durante esos días que compartimos aula y mesa en el restaurante del hotel.

Para mí, los mapas mentales son la herramienta de pensamiento más importante porque sirven para todo; ya no solo para la vida profesional, también para todo lo personal. Así que no abandones esta lectura porque en este libro / ebook te explicaré cómo funcionan, cómo hacerlos y qué uso darles.

¡Pero eso no es todo!

También te recomendaré las aplicaciones y programas favoritos para trazar mapas mentales digitales, tanto en una tablet, como un PC, *smartphone* o Mac. Te revelaré las tres que mejor funcionan según mi criterio.

Y la gran ventaja en esto es que puedes pasar un mapa de un formato a otro, no importa si haces el mapa con un programa ya que podrás exportarlo a las demás aplicaciones muy fácilmente.

| Para lo importante: haz tu mapa mental.

Ni te imaginas a qué puede ayudarte un mapa mental... Descubrirás aplicaciones una tras otra.

 Con esta lectura vas a ahorrarte mucho tiempo y unos cuantos errores, el que yo invertí. Así que quédate aquí, a mi lado, que voy a contarte cosas interesantes.

Como te decía antes, el *mind mapping* es el proceso de creación de estos mapas mentales.

Y vamos a ver qué son, cómo se usan, qué programas podemos utilizar y, lo más importante, cómo podemos aplicar esta herramienta para alcanzar las grandes ventajas de hacer mapas mentales:

1. Más concentración
2. Más foco
3. Más creatividad
4. Más memoria

La gran ventaja consiste en: llevar tus pensamientos de tu mente al papel (en un mapa mental) y del papel (de un mapa mental) a la realidad.

Mucha gente falla en esto, deja que sus ideas se queden en su mente; y al no plasmarlas de forma correcta en un mapa, se pierden.

No confíes en tu memoria, toma nota; mejor no tomes notas, haz mapas mentales.

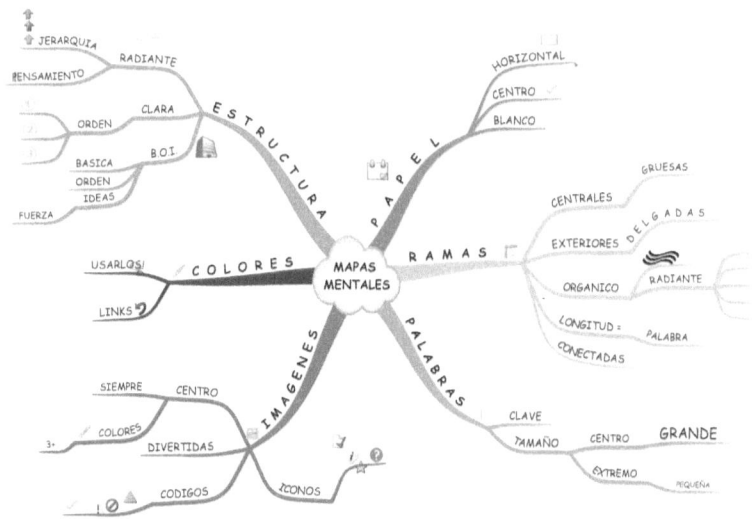

| Ejemplo de mapa mental, realizado con un programa.

Para entender qué son, pongamos un ejemplo metafórico, el mapa de una ciudad. Ahora imaginemos que en el centro del mapa trazamos el foco. Por ejemplo, en Madrid podríamos escoger la Puerta del Sol, que sería el centro.

Del centro parten calles radiales en todas direcciones. Algunas de ellas son calles principales, como la calle de Alcalá o la calle Mayor; y luego están las secundarias, como por ejemplo, la calle Arenal.

Bueno, pues esto es exactamente lo que ocurre en un mapa mental. Es decir, vamos a establecer un foco o centro y vamos a radiar sus ideas principales y secundarias como si de calles se tratara.

¿Qué ocurre cuando vas por una nueva ciudad y no tienes un mapa? Exacto, te pierdes. Y entonces, ¿qué ocurre si tienes un plan, una idea, hacer una presentación, resumir un libro, estudiar una lección... sin un mapa? Que también te pierdes.

Te voy a mostrar cómo hacer mapas para que no te pierdas cuando te surja una idea, un proyecto, un negocio, una conferencia, un curso... En fin, cualquier cosa que debas desarrollar. ¡También valen unas vacaciones! Un mapa mental también puede ayudarte a organizarlas de forma perfecta.

Permíteme usar otra metáfora, la de un árbol. Pues bien, en un árbol también distinguimos ramas principales y ramas secundarias. Así que un mapa mental sería algo así como un árbol en el que el tronco es el foco.

De éste surgen ramas; primero las más fuertes y gruesas, pues contienen las ideas principales, hasta dejar paso a las ramas más finas llenas de ideas secundarias. Desde luego en cuanto a forma, un árbol se parece muchísimo a un mapa mental.

 Esta es la definición de mapa mental que da Wikipedia; en mi opinión lo sintetiza muy bien: *Un mapa mental es un diagrama usado para representar las palabras, ideas, tareas y dibujos u otros conceptos ligados y dispuestos radialmente alrededor de una palabra clave o de una idea central. Los mapas mentales son un método muy eficaz para extraer y memorizar información.*

Son una forma lógica y creativa de tomar notas y expresar ideas que consiste, literalmente, en cartografiar sus reflexiones sobre un tema.

Se utiliza para la generación, visualización, estructura, y clasificación taxonómica de las ideas, y como ayuda interna para el estudio, planificación, organización, resolución de problemas, toma de decisiones y escritura.

Un mapa mental se desarrolla alrededor de una palabra principal o tema, situado en el centro, para luego explicarse en ideas, sub ideas, y conceptos, mediante líneas que se trazan desde el centro; el sentido de estas líneas puede ser horario o anti-horario.

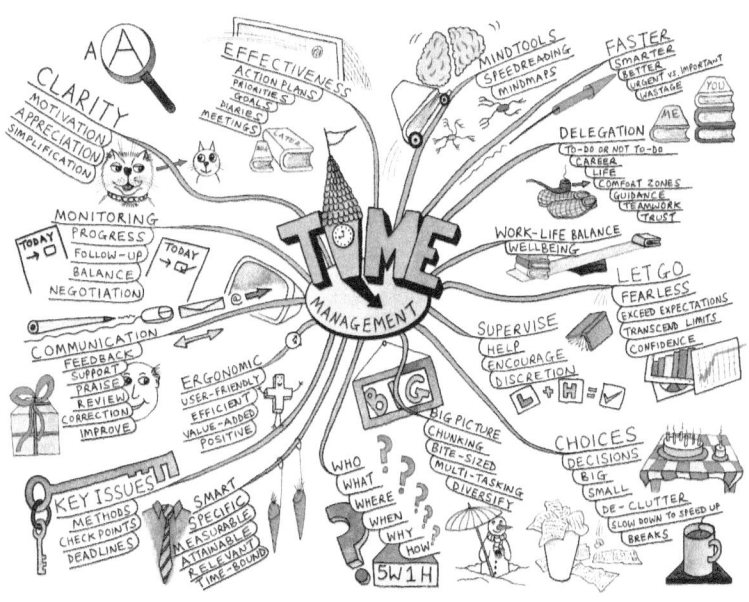

Ejemplo de mapa mental, hecho a mano y con un gran centro de mapa. Fuente: Eduarea´s blog.

El gran difusor de la idea del mapa mental fue Tony Buzan en 1974 con su libro "*Use Your Head*". Desde entonces nos ha regalado con más de un centenar de libros, traducidos a decenas de idiomas.

MAPAS MENTALES

Experto en: memoria, lectura rápida, mapas mentales y creatividad.

De esta lectura yo me quedaría con tres palabras clave, porque en un mapa mental siempre las utilizaremos.

Éstas son: "palabras" (frases breves, como mucho), "imágenes" para ser visuales; y finalmente, "asociaciones".

Es decir, debemos relacionar todas estas imágenes y palabras para que cobren sentido y formen un todo.

1. Palabras.
2. Imágenes.
3. Asociaciones.

La creación de mapas mentales es la técnica que aumenta la creatividad y la productividad, que puede mejorar el aprendizaje y la eficacia de los individuos y las organizaciones.

Es un sistema revolucionario para captar ideas de forma horizontal en un papel.

Es el secreto de los genios.

Se cree que lo utilizaba Leonardo Da Vinci.

Pruébalo, y sé el siguiente genio.

 Como dice Tony Buzan: Un mapa mental es como piensa tu cerebro.

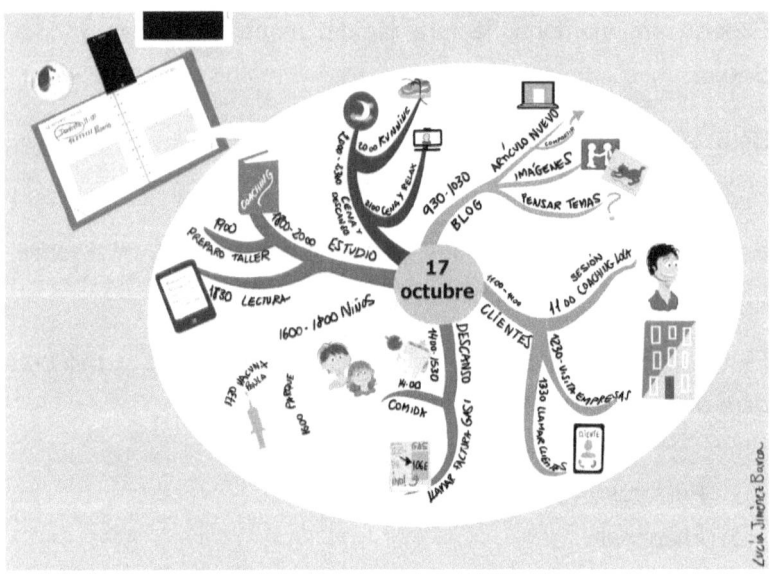

Prepara tu agenda con mapas mentales.

También podríamos resumirlo con esta metáfora: pensamiento irradiante, pensamiento visual.

Ahora ya sabes cómo se hace un mapa mental. Son atractivos, ¿verdad? Ya hablaremos de cómo hacer mapas mentales con el ordenador. Y usar:

1. Colores.
2. Fotos / imágenes.
3. Iconos.

Veamos un ejemplo concreto y aplicable de mapa mental, como la distribución de tiempos de una jornada bajo el título de: Mis tareas de hoy. En el foco o centro, coloco la palabra clave, tareas para hoy. Y luego voy radiando; es decir, voy sacando flechas de colores en forma radial, pues todos parten del centro hacia los lados, hasta llegar a llenar la hoja de papel.

 Solo una hoja de papel, apaisada. Como una pantalla de cine. Empieza el espectáculo.

Aquí es justamente donde escribiríamos todas nuestras tareas de la mañana, del medio día, de la tarde, de la noche... agrupadas. Incluso podríamos anotar más tareas para la hora de comer si fuera necesario, como citas u otras actividades personales de mediodía.

Como ves, nuestra tarea principal se bifurca en otras tareas secundarias, que a su vez podrían incluir más actividades. En este caso, hablamos de un organigrama mental.

Nuestra mente piensa así: todo a la vez.

La mente no piensa secuencialmente, la mente no utiliza listas con palabras. Va más rápido. Todas esas listas que hacemos para ir a hacer la compra al súper aburren a la mente.

 Nuestra mente es mucho más rápida de lo que pensamos; de hecho no quiere leer uno a uno los elementos de una lista, los quiere ver todos a la vez. Es global.

Un mapa mental puede proporcionárselo todo a la vez. Luego ya se irá centrando en cada parte y sub parte en concreto, pero de buenas a primeras la mente quiere verlo todo a la vez para comprender el contexto completo.

No mira el árbol, quiere ver el bosque. La totalidad.

Además, nuestra mente quiere colores e imágenes. Tú dale todo esto a tu mente y verás cómo la despiertas y empiezan a florecer buenas ideas, genialidades e intuiciones.

Tu mente es un gigante dormido que los mapas mentales despertarán.

Los mapas mentales contemplan el funcionamiento multidimensional del cerebro y son muy indicados en cualquier actividad en la que intervengan:

- La creatividad.
- La memoria.
- La planificación.
- La estructura.
- La secuencia.
- El orden.
- El análisis.
- El diseño.
- La agenda.
- El estudio.
- La negociación.
- Las presentaciones.
- Las ventas.

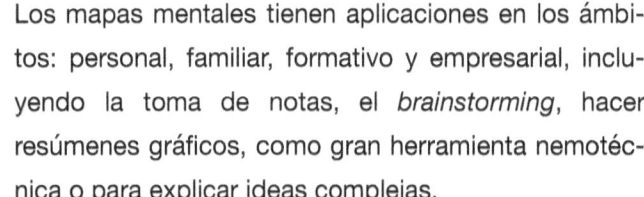
Los mapas mentales tienen aplicaciones en los ámbitos: personal, familiar, formativo y empresarial, incluyendo la toma de notas, el *brainstorming*, hacer resúmenes gráficos, como gran herramienta nemotécnica o para explicar ideas complejas.

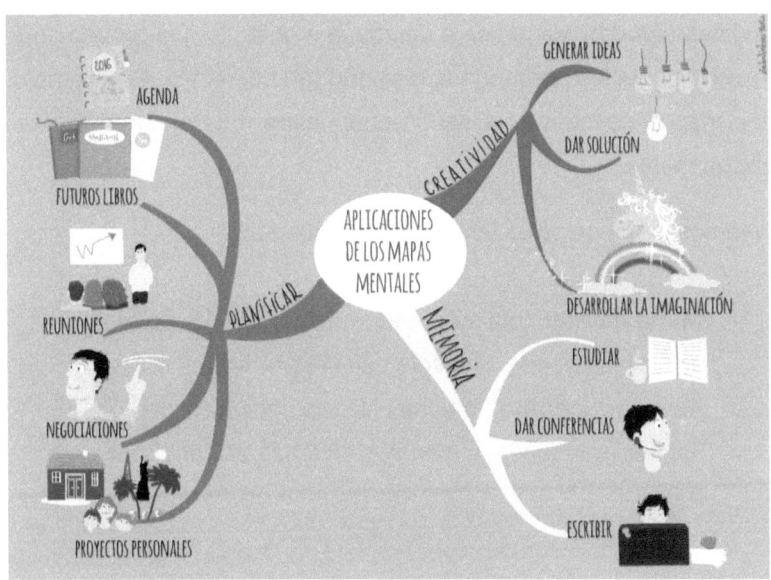

| Diferentes aplicaciones de los mapas mentales.

Todo esto se entiende mejor al comprender que lo que los mapas mentales consiguen es que el cerebro trabaje en su totalidad; es decir, ejercitan tanto el hemisferio izquierdo como el hemisferio derecho, ambos a la vez.

 Con nuestro cerebro a pleno rendimiento, el pensamiento alcanza el nivel de la genialidad. El pensamiento se hace inteligente.

Por eso me gusta referirme a los mapas mentales como la expansión del pensamiento.

Por ejemplo, su uso combina el pensamiento lineal y el espacial, o la lectura verbal con la de imágenes. Con el uso de estos mapas conseguimos que nuestro cerebro rinda al máximo.

Su uso es global, completo.

Existen algunos precursores del mapa mental, lo que provoca que mucha gente los confunda aun siendo tan diferentes. Por ejemplo, los mapas conceptuales serían el ancestro más rudimentario del mapa mental.

Veamos las principales diferencias entre ambos:

1. **Mapa mental**: una sola idea principal, uso de colores, uso de imágenes, una sola palabra por línea.
2. **Mapa conceptual**: muchas ideas principales, sin colores, imágenes opcionales, muchas palabras por línea.

No todo lo que dice ser un mapa mental lo es. Con el tiempo adquieres la habilidad para ver esta diferencia.

La mayoría no observan las pautas básicas que Tony Buzan enseñó y se quedan en "proto mapas mentales" o intentos de mapa mental.

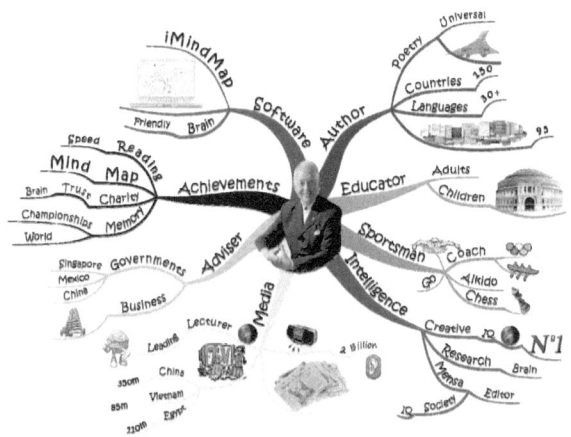

En este mapa, un ejemplo de como estructurar un curriculum vitae original.

Tu turno... haz tu propio CV con un mapa mental. Y compártelo en tu LinkedIn.

¿Por qué los mapas mentales son el mapa del tesoro? Los mapas mentales son como navajas suizas para tu cerebro. Te ayudan a organizar tus pensamientos de la manera que refleja cómo realmente funciona tu mente. No se trata solo de tomar notas; es sobre conectar ideas, ver nuevas relaciones y tener esos momentos de ¡Eureka! con nuevas ideas. Ya sea que estés planeando un proyecto en el trabajo, definiendo un objetivo personal o simplemente tratando de organizar tus ideas sobre dónde ir de vacaciones, los mapas mentales te permiten ver el panorama completo y los detalles pequeños al mismo tiempo. ¡Todo!

Ejemplo: Imagina que estás planeando cómo impulsar tu carrera. Tu nodo central podría ser: Crecimiento profesional. Las ramas podrían ser: Habilidades a desarrollar, Oportunidades de networking, Posibles ofertas de trabajo y Marca personal... En cada una, añade sub-ramas como: cursos en línea, próximos eventos de networking, negocios que quieres desarrollar, y blog personal o redes sociales como parte de tu marca personal.

Tarea para el lector: Toma un papel, o usa una herramienta en línea como XMind o MindMeister, y crea un mapa mental para mejorar tu salud. Empieza con Mi plan de salud en el centro. Piensa en ramas como: Dieta, Ejercicio, Sueño, Gestión del estrés... En cada una, añade las acciones específicas que tomarás (como unirte a una clase de yoga, entrenamiento, planificar tu dieta, etc.).

Sorprenderás.

Nota importante: este libro es introductorio a los mapas mentales pero a la vez es suficiente. Aquí encontrarás todo cuanto precisas para usar los mapas mentales. Lo que sigue <u>es muy sencillo</u> pero no te confundas, es la sencillez que te permitirá ser un genio. He resumido lo básico y elemental para dominar los MM. Mejor poca teoría, y mejor mucha práctica. Quiero ahorrarte tiempo de lectura, mejor inviértelo en la práctica con MM.

2
APLICACIONES DE LOS MAPAS MENTALES

ENTONCES, ¿para qué puedo usar un mapa mental?

Pues básicamente para generar ideas, para resolver un problema o para potenciar la creatividad. Si quieres aclarar ideas, úsalos.

De hecho, puedes usarlos en tareas tan distintas como al escribir un libro o al desarrollar productos y servicios nuevos.

Los mapas mentales te ayudarán a organizar tus ideas, a verlas en conjunto para poder relacionarlas y a entender qué idea es la prioritaria de la jerarquía.

Si piensas cada día, tienes ocasión de usar los mapas mentales cada día. Porque te ayudan a clarificar ideas, en los asuntos personales y en los profesionales.

Incluso en actividades artísticas.

Date una oportunidad en cualquier área de la vida para ser más creativo.

Personas ilustres como Leonardo utilizaban esquemas parecidos a mapas mentales.

Un ejemplo: en lugar de hacer tu lista de la compra en una lista, haz un mapa mental, por zonas, y verás como terminas antes tus compras.

Por supuesto también te servirán para memorizar y recordar mejor, porque el simple hecho de anotar los conceptos más importantes de algo en un mapa mental te facilitará su memorización y estudio.

Así que al hacer un mapa mental vas a recordar muy bien su contenido.

En concreto, te recomiendo hacerlos al preparar conferencias, clases, reuniones o sesiones de venta, porque memorizarás en seguida todo lo que tienes que exponer y por supuesto, en qué orden.

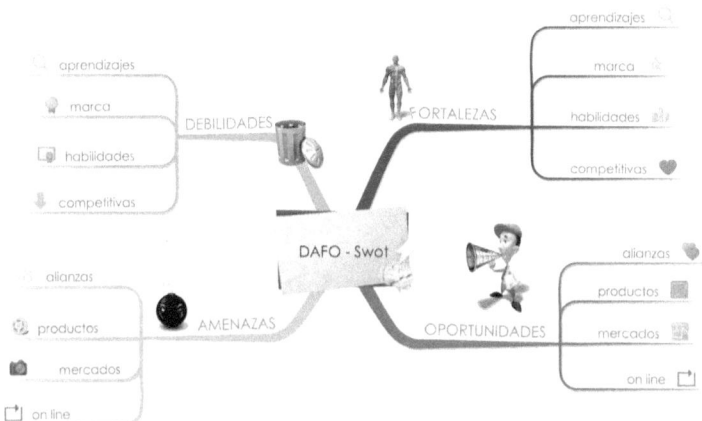

 Ejemplo de mapa mental para el DAFO de un negocio o proyecto.

Otra fantástica utilidad que tienen es la visión global que proveen. Con ellos no nos fijamos en las múltiples visiones de las partes, sino que en la visión general del todo. Así que una vez hecho el mapa mental, verás todo su contenido en una página, en una hoja o en una pantalla, por complejo que sea el asunto.

> Se acabaron los aborrecibles informes con infinitas páginas. Ahora, todo en una página, todo en una pantalla. A golpe de vista.

Como ves, los mapas mentales son una herramienta que facilita mucho el manejo de la información. Con ellos puedes dosificarla, organizarla, priorizarla y ordenarla, a la vez que le añades links, fotos, notas o archivos adjuntos.

Una vez hecho todo este trabajo, podrás empezar a asociar con mucha más facilidad unas nuevas ideas con otras existentes. Ya sabes que la creatividad consiste en asociar ideas normales y corrientes que no han sido relacionadas con anterioridad.

De hecho, tampoco es necesario que sean completamente nuevas, basta con que al asociar conceptos ordinarios lleguemos a crear un concepto compuesto extraordinario.

> El mapa te lleva a conclusiones que de otro modo no habrías alcanzado. Es el organigrama del pensamiento que enlaza ideas. De una idea irás a otra idea inesperada: eso es ser creativo.

Empieza con un papel y un par de lápices de colores: es todo lo que necesitas.

Para ello es ideal el uso de un mapa mental, una herramienta con la que conseguirás ahorrar tiempo, una mejora significante de tu concentración y un mayor enfoque en el tema tratado.

Si deseas alcanzar el éxito deberás utilizar siempre las mejores herramientas a tu alcance, de entre las que ahora se encuentra el mapa mental. No puedes permitirte no usarla.

De hecho, Leonardo DaVinci, Miguel Ángel y Einstein también usaban protomapas mentales o esquemas muy parecidos. Como ves, muchos de los grandes genios han usado los mapas mentales en su proceso de desarrollo y creación de ideas, lo que demuestra que teniendo esta herramienta a tu alcance, no deberías descartarla nunca.

Se trata de una herramienta de mentes brillantes.

Incluso los dibujos hieráticos de los egipcios (los famosos jeroglíficos), consistían en representaciones gráficas en lugar del uso de palabras, lo que de alguna manera hace a los ideogramas precursores de los mapas mentales.

Como decía antes, te van a ayudar mucho tanto en la elaboración de una presentación para tu empresa o negocio, como en la organización de una conferencia. Lleva tu mapa mental y colócalo encima de la mesa para que puedas verlo bien; con esa referencia visual ganarás visión general, a la vez que tus argumentos serán completamente coherentes y el desarrollo de tus ideas seguirá el orden exacto que planeabas.

Así que no solo utilices los mapas mentales para preparar una clase, aprovéchalos también para desarrollar una gran exposición.

Si por ejemplo, tienes que elaborar un informe, un mapa mental te ayudará a organizar toda la información que quieras plasmar en ese documento antes de escribirlo; de modo que antes de empezar con dicho informe lo ideal sería crear un mapa mental.

Yo en mi caso escribo libros, por lo que antes de empezarlos siempre preparo un mapa mental que reúna todas las ideas y las jerarquice. El mapa mental es el plano del libro. No se me ocurriría hacerlo de otro modo.

En cuanto a la gestión de tareas, un mapa mental te ayudará a planificar tu trabajo: desde tu jornada diaria a tus objetivos mensuales o anuales.

Si vas a negociar con alguien, prepara un mapa mental con los puntos que vayáis a tratar, incluyendo tus concesiones y demandas, especificando aquello en lo que vas a ceder y aquello en lo que no. Prepáralo con algo de anterioridad o hazlo justo antes del encuentro.

No improvises jamás en una negociación si quieres tener éxito. Si llevas un mapa mental estarás más preparado, lo que se traducirá en una enorme ventaja.

 No hace falta saber dibujar bien, un mapa mental es muy personal.

Por ejemplo, en un mapa mental puedes establecer tu posición y la del otro negociador, a la vez que los resultados deseados.

Si el mapa refleja los valores de cada uno, los intereses de cada parte y las limitaciones de cada negociador, tendremos una idea global muy buena de las fortalezas y debilidades. Incluso puedes llegar a anotar las posibles concesiones, lo que te permitirá no ceder más de lo que en un principio planeaste.

Si por ejemplo esperas una llamada telefónica importante, haz lo mismo y no improvises.

MAPAS MENTALES

Prepárate y ten delante un mapa mental con los puntos que quieres discutir, el orden en el que vas a hacerlo. Obviamente, siempre que se trate de una llamada importante.

Si vas a emprender un proyecto o una empresa, todavía es razón de más para usarlos. Y como crear un negocio de la nada es complejo, te recomiendo que hagas muchos mapas mentales y no sólo uno.

Si lo que quieres es resumir un informe de muchas páginas en tan solo una hoja, prueba a hacer un mapa mental. Como ves, también son completamente válidos para resumir libros. A mí me gusta leer; de hecho leo un par de libros a la semana.

Y aquellos libros que más me impactan, los resumo en un mapa mental.

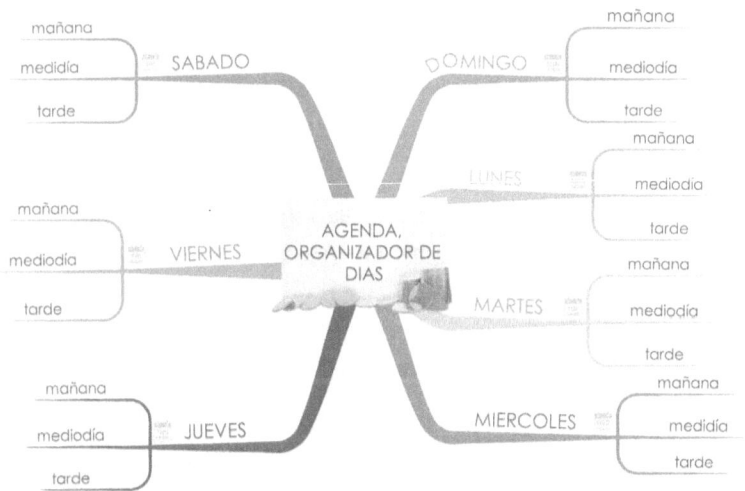

Tu agenda puede ser tan visual como esta: todo en una página, en el corcho de tu despacho.

¿Por qué? Pues porque al hacer el mapa mental repaso y recuerdo todo el contenido del libro en general, lo que me ayuda a memorizar y a poner en orden todas las ideas de esa obra.

Al resumirlos los memorizo. Y más adelante, si quiero repasar el libro me basta con darle un vistazo al mapa mental, porque entonces ya tengo todas las ideas principales ordenadas y a golpe de vista.

Todo en una hoja.

Todo a la vista.

Otra función en la que te van a ser útiles los mapas mentales es para sintetizar los acuerdos de reunión. Ya puede ser una reunión de empresa o con un cliente.

Prepara tus citas haciendo antes un MM.

Crea un mapa mental y compártelo con los demás si lo crees necesario; sino úsalo en exclusiva para ti.

Pero también para estudiar.

Imagínate en la facultad, si hubieras tomado apuntes con mapas mentales en lugar de escribirlo todo como un escriba; ¿qué cambio, verdad?

Enséñales a tus hijos a utilizarlos, en el futuro te lo agradecerán. De hecho, las típicas "chuletas" de estudiante son otro precursor rudimentario del mapa mental. Son un resumen con pocas palabras.

Estudiar sin usar mapas mentales es prepararse para el fracaso.

MAPAS MENTALES

Las imágenes son un factor clave en el aprendizaje de niños... y de mayores.

Si lo que quieres es preparar una entrevista de trabajo, una estrategia de venta o una cita, también te recomiendo hacer un mapa mental para saber de qué vas a hablar, qué vas a vender, qué vas a proponer y así resumir tus puntos de vista.

Así que volviendo a los usos básicos del mapa mental tenemos las presentaciones, los planes de cualquier tipo, la preparación de reuniones, la toma de notas en una conferencia, el fomento de la creatividad, el desarrollo personal de uno mismo, el seguimiento de conferencias y las comunicaciones internas con el equipo, escribir un libro o preparar una reunión. También para crear un nuevo producto o servicio en tu profesión...

El cielo es el límite.

Cuando tengas un problema, también puedes probar a usar los mapas mentales. Y por problema abarcamos todos los ámbitos posibles: salud, personal, económico, profesional...

Cualquier problema se resolverá más rápido con la ayuda de un mapa mental. Se te ocurrirán muchas más soluciones si te sientas en un lugar en el que estés a gusto, tranquilo, como en una cafetería agradable, donde poder pensar delante de un mapa mental.

Una vez allí, sacas dos o tres rotuladores de colores y una hoja en blanco; nada más. También puedes usar esos bolígrafos multicolor de 4 u 8 colores. Si usas una tablet, entonces el color es sin limitación, hay muchos programas para usar en tu tablet. Lo veremos. Pídete tu bebida favorita... disfruta.

Eso es todo lo que necesitas:

Tiempo para pensar.

Una página en blanco.

Y lápices de colores.

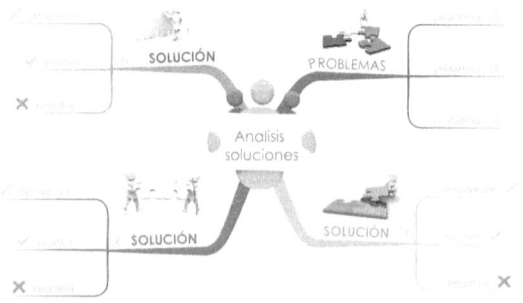

Mapa mental para solucionar un problema, este esquema vale para asuntos personales y profesionales.

MAPAS MENTALES

Como ves, sus usos son infinitos e ilimitados; básicamente eres tú quien los decide.

De hecho, una vez pongas en práctica el uso de los mapas mentales, empezarás a aplicarlos prácticamente en todo.

Además, la parte buena es que realizarlos es divertido, como si de dibujar se tratara.

Solo tres pasos para hacer un mapa mental: esto sintetiza toda la enseñanza del libro / ebook, tres pasos, nada más. Algunos lectores, que se complican la vida, buscarán métodos complejos y esperarán de este libro / ebook teorías y sistemas complejos. Nada de eso existe en lo que se refiere a los mapas mentales. Los mapas son muy sencillos.

Los tres pasos son:

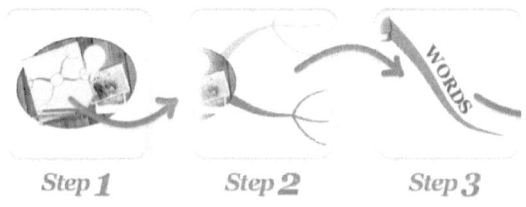

Step 1 Step 2 Step 3

> Pasos: centro, ramas, palabras claves, usando colores y dibujos. Así de sencillo.

A modo de síntesis y sin que la lista sea exhaustiva, aquí tienes las principales aplicaciones de los mapas mentales:

1. Planificación de las tareas en tu agenda

2. Objetivos profesionales

3. Objetivos personales

4. Nuevos proyectos

5. Negocios

6. *Hobbies*

7. Vacaciones, viajes

8. Planificación de tu vida ideal

9. Estudios, exámenes

10. Conferencias, presentaciones

11. Resúmenes de libros, informes

12. Organización de eventos

13. Negociaciones

14. Resolución de problemas

15. Toma de decisiones

16. Escribir un libro

17. Emprender

18. Sesiones de *coaching*

19. Consultoría

20. Compras

21. Ventas

22. Análisis

23. Resolución de problemas

24. Plan de *Marketing*

25. Preparar clases

26. Una mudanza.

27. Crear una *web*

28. ... y cualquier cosa que se te ocurra

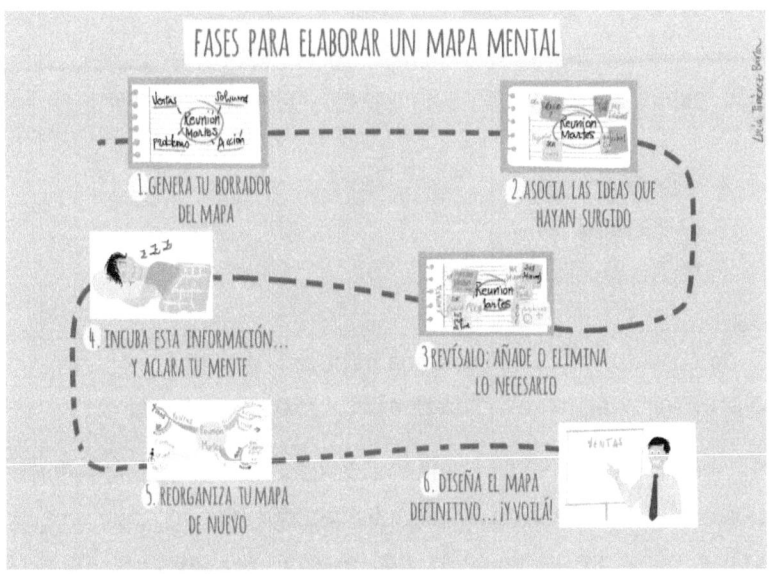

| Fases en la elaboración de un mapa mental.

Una de las aplicaciones más importantes de los mapas mentales es en el ámbito educativo, pues ayudan tanto a docentes como a alumnos.

 El uso de imágenes es algo natural e innato. Piensa

que un niño aprende mucho antes a identificar imágenes, que a distinguir palabras y conceptos abstractos.

De este modo, las imágenes pasan a ser un factor clave para la educación infantil; la principal herramienta para un niño pequeño. Así que la cuestión es, ¿por qué si las imágenes nos resultan tan útiles para el aprendizaje, al llegar a la madurez prescindimos de ellas y nos quedamos tan sólo con las palabras? ¡Así el cerebro se cansa y se aburre!

Y mucho.

Los mapas constituyen un aprendizaje a distintos niveles:

- Multisensorial
- Multimedia
- Multidireccional

Toda actividad en la que se deba trabajar la memoria es ideal para desarrollar nuestra capacidad de crear mapas mentales.

El aprendizaje está directamente relacionado con la repetición, por lo que al realizar cualquier actividad que nos implique repasar una información, lograremos que ésta se fije mejor en nuestra memoria.

 La creatividad se dispara cuando usas imágenes y colores porque nuestro cerebro es visual, trabaja con imágenes y no con palabras.

Este fenómeno sucede porque al recordar algo que ya habíamos visto o leído, estamos reforzando las asociaciones entre esos caminos neuronales creados.

Es como si de ir al gimnasio se tratara, pues un ejercicio repetido acaba creando fortaleza.

| ¿Cómo sería tu vida ideal en un mapa mental? Plásmala.

Te revelo un secreto importante para que memorices mejor. Nuestra mente recuerda mejor la información cuando está escrita en varios colores (por lo menos tres).

Pero, ¿qué es lo que recordamos? Pues todo aquello que va unido a una emoción, experiencia, interés, deseo de aprender y a la repetición, pero sobre todo… ¡a las imágenes!

Si disponemos de una información pero ésta no se utiliza o no se repasa, lo más normal es que termine siendo arrinconada y se nos olvide. El cerebro economiza recursos y descarta aquello que no cree que vayamos a utilizar más.

Entonces, ¿cómo podemos trasladar una información a la memoria a largo plazo? Lo ideal sería hacerlo mediante repasos y por supuesto, contando con un mapa mental para ello.

Y, ¿cuántos repasos son necesarios? Pues el primero habría que hacerlo a los diez minutos de recibir la información, el próximo a las 24 horas, luego a la semana, al mes y a los seis meses.

De modo que con cinco repasos habrás conseguido fijar esa información a la memoria de forma sólida. De lo contrario, si no haces ningún repaso, a las 24 horas de recibir una información ya habrás perdido el 75% de la misma.

¿Vale la pena, verdad?

Aplicaciones prácticas de los Mapas Mentales: Los mapas mentales no son solo una herramienta para tomar notas; son una técnica poderosa que se puede aplicar en una amplia variedad de situaciones, tanto en la vida personal como profesional.

1. Planificación de proyectos:

Cuando estás a punto de iniciar un proyecto, especialmente uno complejo, los mapas mentales te ayudan a desglosarlo en partes manejables. Puedes comenzar con el nombre del proyecto en el centro y crear ramas para cada fase del proyecto: Investigación, Desarrollo, Implementación, Revisión y entrega… En cada rama, puedes desglosar aún más las tareas específicas que necesitas completar.

Ejemplo: Imagina que estás lanzando una nueva línea de productos. Tu mapa mental podría tener ramas como Investigación de mercado, Desarrollo de producto, Diseño, Estrategia de marketing, Producción, y Distribución... Bajo Investigación de mercado, podrías añadir sub-ramas como Competencia, Demanda del consumidor, y Tendencias del mercado y mucho más.

2. Toma de decisiones:

Los mapas mentales son excelentes para analizar pros y contras cuando te enfrentas a una decisión importante. Puedes poner la decisión en el centro y crear ramas para las diferentes opciones disponibles. Luego, bajo cada opción, añadir los beneficios y desventajas, lo que te permite visualizar todo el panorama antes de tomar una decisión informada.

Ejemplo: Supongamos que estás decidiendo entre dos ofertas de trabajo. Podrías crear un mapa mental donde cada rama sea una oferta de trabajo, y debajo, añadir sub-ramas como: Salario, Oportunidades de crecimiento, Cultura de la empresa, y ubicación. Al ver todo esto en una sola página, podrás tomar una decisión más informada.

3. Estudio y retención de información:

Los mapas mentales son herramientas fantásticas para estudiantes o para cualquiera que necesite aprender y recordar información. Puedes usar un mapa mental para resumir un libro, organizar tus notas de clase, o preparar el temario de un examen u oposición. La estructura visual de los mapas mentales facilita la retención y recuperación de información por 10. ¡Sí, por diez!

Ejemplo: Si estás estudiando para un examen de historia, podrías crear un mapa mental con el tema principal en el centro (por ejemplo, Revolución Francesa) y ramas para los diferentes eventos importantes, personajes, y fechas. Bajo cada rama, puedes añadir detalles específicos, como causas y consecuencias.

4. Resolución de problemas:

Cuando enfrentas un problema complejo, un mapa mental te ayuda a explorar todas las posibles soluciones y entender mejor las causas. Puedes poner el problema en el centro y crear ramas para diferentes causas, y luego sub-ramas para soluciones.

Ejemplo: Imagina que tu equipo de trabajo está con problemas de baja productividad. Podrías crear un mapa mental con el problema en el centro y ramas como: Factores internos, Factores externos, Motivación del equipo… Bajo cada rama, podrías identificar causas específicas y posibles soluciones.

5. Organización de eventos:

Planificar un evento, ya sea una boda, una conferencia o una fiesta, puede ser abrumador con tantos detalles a considerar. Un mapa mental te permite organizar todas las tareas de manera visual y estructurada, asegurando que no se te pase nada por alto.

Ejemplo: Si estás organizando tu boda, podrías tener un mapa mental con ramas como: Lugar, Invitados, Catering, Música, Decoración… Bajo cada rama, podrías desglosar tareas específicas, como: reservar el espacio, enviar invitaciones, elegir el menú, contratar a la banda, seleccionar las flores. ¡Y el viaje de bodas!

Tarea para el lector: Ahora te toca a ti. Toma un objetivo personal que tengas en mente, como aprender una nueva habilidad, y crea un mapa mental para ese objetivo de aprendizaje. Pon tu objetivo en el centro y crea ramas para los diferentes aspectos que necesitas considerar en tu aprendizaje.

Los mapas mentales no solo organizan tus pensamientos; también te motivan a tomar acción al hacer que tus objetivos sean claros. Pon fechas a cada acción.

¡Pruébalo y verás cómo esta herramienta visual puede transformar la forma en que abordas tus proyectos y desafíos!

CÓMO HACER UN MAPA MENTAL

AUNQUE ES difícil "hacer mal un mapa mental", quisiera darte siete pautas para hacer un mapa mental excelentemente:

1) Empieza siempre desde el centro.

Coloca un foco o una idea central en tu hoja en blanco y luego radia desde el centro hacia el exterior, siempre así. Siempre que sea posible, no traces más de seis brazos principales o sub niveles, de lo contrario no será un árbol sino un bosque, y todo será mucho más complejo.

Por lo tanto, es mejor hacer dos mapas mentales simples que uno y muy complejo.

2) Utiliza colores y códigos.

Por ejemplo, el color rojo puede indicar las tareas urgentes, el verde las más inmediatas, el azul las importantes... en fin, lo que se te ocurra.

Y con esto quiero decir que le adjudiques un código a cada color, de este modo siempre sabrás por qué cada una de esas ramas está pintada de ese color, pues en el fondo tendrá un significado subyacente y no aleatorio.

3) Asociar el contenido principal con el secundario a través de ramas.

Es decir, las ideas principales se deben relacionar con las ideas secundarias. La mejor forma para hacerlo es mediante líneas, esas ramas orgánicas y curvas.

Es mejor que las ramas que tracemos en el árbol sean curvas y no rectas, pues nuestro cerebro las acaba asimilando mejor y lo agradece más.

4) Traza líneas curvas, orgánicas.

Como si estuvieran vivas y se movieran. No uses líneas rectas, porque eso aburre a la mente. Lo curvo es natural, es lo que predomina en la naturaleza.

Huye de esos mapas mentales con muchas aristas y líneas rectas, son en exceso de la mente lógica, y tú quieres activar la mente creativa.

5) Asocia ramas o ideas principales a una palabra clave. Conecta ideas.

Para ello esa palabra deberá resumir la idea; es la llamada "regla de una palabra". Si tienes aclaraciones que hacer, puedes escribir una pequeña nota al margen del mapa.

Ramas más gruesas para ideas principales, ramas más delgadas para ideas secundarias. Igual como ocurre en un árbol con sus ramas.

6) Utiliza siempre imágenes.

O símbolos, iconos y fotos; todo aquello que creas que puede despertar tu imaginación. El cerebro trabaja con imágenes, así que debes potenciar esta característica.

Por ejemplo, puedes usar los iconos y símbolos que tu ordenador ya trae prediseñados de fábrica. Incluso emoticones.

Recuerda: más vale una imagen que mil palabras.

Y más vale un solo MM que una imagen.

Porque un MM es la foto de tu mente...

7) Usa palabras clave.

Obviamente hay que usar palabras, aunque no demasiadas. Palabras mejor que frases. No se trata de escribir una parrafada, sino de resumir en una frase, en una idea.

Escribe algo que puedas recordar. Una palabra clave es aquella que actúa como disparador de la memoria y evoca un concepto, una historia, una explicación más o menos extensas.

Son pautas muy sencillas pero conviene seguirlas.

Que sea fácil no significa que no sea poderoso. No inventes, esta técnica está probada desde hace décadas y funciona muy bien.

Mejor no trates de reinventarla, fluye con ella.

Ahora te explico como hacer un buen mapa mental, pero antes mira esta ilustración...

Con el tiempo los mapas mentales evolucionan, porque son herramientas vivas.

¿Cómo hacer un buen mapa mental?

Aquí van algunos consejos útiles:

- El papel blanco es mejor que el pautado. También puedes optar por un fondo oscuro, pero siempre que el papel esté en horizontal, como si de una pantalla de cine se tratara.
- Un buen mapa mental debe usar colores y e imágenes. Sobre todo una imagen en el centro del mapa.
- Las líneas serán tan largas como lo sea la palabra o frase que las ocupe.
- Las ideas principales deben resaltar, así que mejor hacerlo con líneas más gruesas; las ideas secundarias

utilizarán líneas más delgadas. De este modo preservamos y resaltamos la jerarquía.
- Utiliza siempre imágenes, ya sean dibujos hechos a mano, símbolos, iconos o fotos.
- Plasma ideas concretas, claras, sencillas y significativas. Usa flechas para que sean más fáciles de comprender.
- En cuanto al sentido de lectura del mapa, suele ser útil colocar o numerar, las ideas en el sentido de las agujas del reloj. Esto le aportará orden y evitará que te pierdas una vez terminado.

Como ves, éstas son algunas pautas generales, pero una vez comiences a crear tus propios mapas mentales empezarás a tener las tuyas; disfrútalos y hazlos a tu manera.

Y ahora vamos a por los pasos.

Las seis fases en la elaboración de un mapa mental:

1. Generación del borrador del mapa mental.
2. Asociación libre de las ideas que hayan surgido.
3. Revisión del mapa obtenido, eliminando y añadiendo todo lo necesario.
4. Incubación de esa información; aclarar la mente con otras cosas antes de volver a revisarla.
5. Reorganización y priorización con la actual perspectiva.
6. Diseño de un nuevo mapa, esta vez definitivo, en base al borrador anterior.

También puedes crear tu mapa mental haciéndote las preguntas adecuadas una vez estés delante del papel. Pero, ¿qué preguntas podrías formularte?

 Hazte preguntas y responde en un mapa mental.

Por ejemplo, si de escribir un libro se tratara, yo me formularía las siguientes preguntas:

- ¿Cuáles podrían ser los títulos de los capítulos? Esta es una buena pregunta para empezar con el mapa mental.
- ¿Qué, dónde, quién, cómo, quién, cuál? Puedes hacerte tantas preguntas como creas necesarias y cada una de ellas se convertirá en una rama.
- ¿Quién va a financiar este proyecto? Ahí tienes una nueva rama que podría subdividirse en las diversas fuentes de financiación.
- ¿Cómo voy a desarrollar este proyecto?
- ¿Cuando debe suceder o terminar?
- ¿Quién me va a ayudar?
- ¿Dónde conseguir información?
- ¿Qué más? ¿Qué estoy olvidando?, ¿Qué más es importante en esto?

Si eres *coach* o consultor, te recomiendo que no tomes notas en tus sesiones; sin embargo, prueba a dibujar mapas mentales cuando estés con tu cliente y verás la diferencia.

Por ejemplo, en una sesión de *coaching* pondrías en verde las cosas que quedan por hacer, en rojo las que hay que mejorar, en amarillo lo que no hay que hacer; cómo tú elijas.

Usa códigos de colores y ayúdate con diferentes bolígrafos. Mientras estés atendiendo y escuchando a la otra persona, irás elaborando un mapa mental que incluya contenido procedente de tus ideas y de lo que el cliente te sugiera. Es un resumen de la sesión de *coaching* que puedes entregar, o no, a tu cliente.

El *coaching* hace pensar al cliente, pero también hace pensar al coach y en ese el mapa mental imbatible.

Tu set de lápices de colores, al menos 8 colores diferentes, se convertirá en una de tus herramientas creativas más potentes.

También puedes mandar tareas a tus clientes, como dibujar su propio mapa mental que refleje su mundo interno y externo para así analizarlo en la siguiente sesión. O un mapa con las tareas. Es una herramienta que agradecen mucho los clientes de *coaching*.

Tomar notas con mapas mentales es muy interesante. Existe una técnica llamada "in-out", con la que si estás en una conferencia, una charla o una sesión con tu cliente, tú vas dibujando el mapa de lo que escuchas y percibes.

Todas aquellas ideas que procedan del ponente, del conferenciante o del cliente son IN; por lo tanto, van en un color. Y luego eliges otro color para representar tus ideas, aquellas que te surjan a ti, de las ideas del conferenciante o cliente, y serán OUT. Es muy útil diferenciarlas: sus ideas en un color, IN; tus ideas en otro color, OUT.

Y como te decía antes, si vas a leer un libro, ¿por qué no hacer un mapa mental después? Te va a ayudar a recordar, a memorizar y a entender. Además, luego tendrás ese mapa mental guardado dentro del mismo libro, para tener el resumen a mano por si algún día te hace falta.

Otra aplicación con la que podrás dar otro uso a los mapas mentales es hacerte preguntas como, ¿cómo sería mi vida ideal? Esa es una muy buena tarea; crea ese mapa mental pensando dónde vivirías, a qué te dedicarías, con quién estarías, cómo sería tu jornada, cuánto ganarías...

Luego mira ese mapa y establece distintos objetivos en tu carrera, salud, riqueza, crecimiento personal y relaciones sociales, para alcanzar tu objetivo final, el de tu vida ideal.

> Pero, ¿qué es lo que no debo hacer en concreto al dibujar un mapa mental? Yo prefiero que cada uno dé rienda suelta a su creatividad y no poner demasiados límites (o incluso saltárselos).

Pero es cierto que las pautas que acabas de leer suelen darle buenos frutos a la mayoría de personas, los elementos de la siguiente lista representarían los principales inconvenientes para cualquier usuario de un mapa mental...

Errores comunes a evitar:

- El uso de la página en vertical.
- No utilizar colores variados.
- Evitar los símbolos e imágenes.
- Hacer un uso excesivo de palabras.
- El uso de ideas flotantes o inconexas.
- Uso de cuadros que encierren palabras.

Nunca caigas en esos errores.

Son de novato.

Y después de leer este libro serás un experto en MM.

¿Por qué no conviene encerrar en cuadros los conceptos? Porque eso es como enjaular una idea, con lo que no se convertirá en nuevas ideas.

Dicho esto, hay que reconocer que un mapa mental será perfecto para aquella persona que lo diseñó, pero no tiene por qué serlo para otra persona.

Los mapas son personales e intransferibles, pues contienen códigos que seguramente sólo su creador conoce.

En cinco pasos, empieza tu mapa mental:

1. Imagen central.
2. Ramas principales.
3. Palabras claves.
4. Colores variados.
5. Iconos o imágenes.

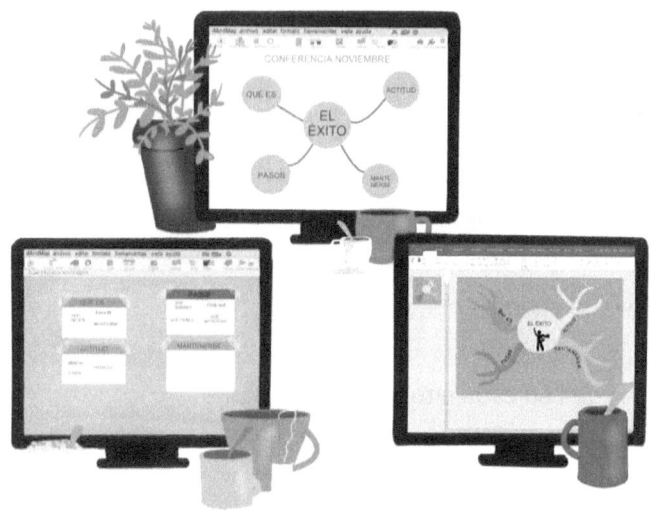

Prueba a utilizar mapas mentales en tus trabajos: la productividad se dispara.

Si precisas rehacer tu mapa una vez empezado, hazlo. No pretendas hacer tu mapa mental perfecto a la primera. Están vivos, crecen y cambian contigo. ¡Son editadles! Por eso, si usas un PC o una tablet es más práctico.

MAPAS MENTALES PARA EMPRENDER

VEAMOS MÁS aplicaciones para los mapas mentales, ahora en el ámbito de la empresa y profesional.

 Si vas a crear un proyecto, o si vas a reconsiderar el actual, un mapa, o muchos mapas, te ayudarán a crear algo brillante.

Planificación:

Primero, por supuesto, está la planificación de tareas diarias, semanales, mensuales y anuales, en la que podrás destacar qué es importante, qué es prioritario y en qué orden. Por ejemplo, puedes planificar toda una semana seguida: lunes, martes, miércoles, jueves, viernes...

E incluso puedes hacerlo mensualmente; es decir, primero empezaríamos colocando las cuatro semanas del mes, que se dividirían cada una en siete días. Y luego por supuesto, cada día podría tener su propio mapa mental. Fíjate hasta qué punto un mapa mental puede ayudarte a organizar la semana y el mes. ¡Y el año!

Objetivos:

Si lo que quieres es establecer los objetivos del año siguiente a partir de un mapa mental anual, prueba a hacerlo en diciembre, justo antes de que termine el año actual.

Lo habitual sería planificar tus objetivos mensualmente, pero incluso puedes organizarlos por semanas o quincenas. Un mapa mental de objetivos anuales te ayudará mucho al temporizar tareas y proyectos, pero sobre todo, a alcanzar tus metas y objetivos.

Además, un mapa mental se trata de un esquema vivo, es decir, a medida que pasa el tiempo éste evoluciona y cambia. Quizás a principio de año se mantenga constante, pero seguro que durante el transcurso del año se irá rehaciendo a medida que sucedan hechos inesperados, tareas imprevistas que entran y otras que salen a su ritmo.

Como ves, estos mapas están vivos y son flexibles; no están grabados en piedra. Permítete hacer cambios en tu agenda y en tu mapa.

D.A.F.O:

Habitualmente, los negocios trabajan con cuadros DAFO.

¿Qué es eso? La wikipedia lo aclara: "El análisis DAFO, también conocido como análisis FODA o DOFA, es una herramienta de estudio de la situación de una empresa, institución, proyecto o persona, analizando sus características internas (Debilidades y Fortalezas) y su situación externa (Amenazas y Oportunidades) en una matriz cuadrada. Proviene de las siglas en inglés SWOT (*Strengths, Weaknesses, Opportunities y Threats*)".

MAPAS MENTALES

Es una herramienta para conocer la situación real en que se encuentra una organización, empresa, o proyecto, y planear una estrategia de futuro

Estos esquemas se realizan dentro de cuadros rectangulares y no son nada estéticos, lo cual no inspira. En realidad se pueden mejorar si hacemos mapas mentales con ramas orgánicas, con colores, con imágenes, con iconos, con palabras...

En ellos especificaríamos: *las fortalezas, oportunidades, amenazas y debilidades* de nuestro negocio. Entonces ya no serían cuatro cuadros insulsos, ahora se habrían convertido en cuatro ramas del mapa que se subdividen a su vez.

Por supuesto, es algo mucho más visual, divertido y creativo que lo convencional. Prueba a pasar la información de tus DAFO a un mapa mental y verás qué diferencia.

Presentación a una audiencia:

Si tienes que hacer una presentación en tu escuela, negocio, empresa, audiencia o lo que sea, te recomiendo que primero te contestes a una serie de preguntas.

Por ejemplo, qué objetivos tengo, a quién me dirijo, qué elementos visuales voy a utilizar, qué conclusiones voy a exponer, quién me va a presentar, cómo empiezo, cuáles son las ideas clave de esta conferencia, cuál es la llamada a la acción o qué tiene que ocurrir al acabar la conferencia.

Como ya habrás imaginado, un mapa mental te va a ayudar mucho en la preparación de esta presentación. Lleva tu mapa a la exposición y te servirá recordatorio, mejor que llevar notas.

Las 4 P´:

Como sabrás, las famosas 4 Ps del marketing (nombre dado por sus siglas en inglés) son en nuestro idioma: *Producto, Precio, Lugar y Promoción*.

Éste es uno de aquellos principios que aprendimos en la facultad de forma tan insulsa, con tablas *input-output*, con matrices y esquemas aburridísimos.

Lo bueno es que ahora podemos darle otro aspecto a lo aprendido y empezar a usarlos en formato de mapa mental, con colores, con imágenes.

El cliente objetivo:

Otra de las tareas que la mayoría de negocios hace es el retrato robot de su cliente ideal. Para ello se preguntan, ¿cómo es mi cliente ideal?, ¿a quién sirvo? Un mapa mental te ayudará a concretarlo, a retratarlo incluso.

Pregúntate: qué es lo que piensa, cómo piensa el cliente ideal, qué gustos tiene, qué creencias tiene, qué palabras usa y qué quiere escuchar, qué es lo que espera de mí, qué tengo que explicarle, qué tengo que ofrecerle, cómo se siente, qué valores tiene, qué emociones lo mueven, cuáles son sus motivaciones, qué hace, cómo se comporta, a dónde va, con quién se relaciona, dónde está, cuánto puede pagar…

Cada una de estas preguntas generaría una flecha en tu nuevo mapa mental, con lo que obtendrás un retrato robot muy ajustado de tu cliente ideal.

Porque claro, cuanto más se parezcan tus clientes a este ideal o avatar, mejor irán los resultados; y al revés, cuanto menos se parezcan, peor.

Por supuesto, el concepto de cliente ideal se basa en un tópico, lo que admite alguna excepción, aunque no muchas.

Ten tu mapa mental a mano cuando tengas que crear un producto o servicio.

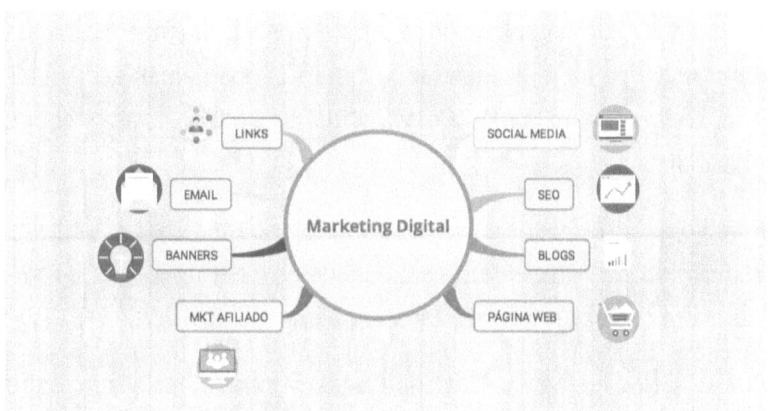

| Tu proyecto crece con los mapas mentales.

Estrategias de negocio:

Otra idea con la que puedes empezar a trazar un mapa mental para tu negocio, es a través de estas cuatro ramas:

1. ¿Qué debemos dejar de hacer?
2. ¿Qué tenemos que empezar a hacer?
3. ¿Qué debemos hacer más?
4. ¿Qué debemos hacer menos?

¿Simple, verdad?

Pues éste es un mapa mental que todo negocio, autónomo freelance y empresa multinacional, debería plantearse una vez al año.

Reinventarse cada año es imprescindible para no quedar obsoleto. O te renuevas o sales de tu mercado, sea el que sea.

Haz mapas en ese sentido.

Reuniones eficaces:

En cuanto a las organizaciones empresariales, recomiendo transformar las típicas reuniones de "uno habla y los demás escuchan" (que aburren hasta la muerte) en reuniones participativas y mucho más lúdicas.

Pero, ¿de qué manera? Por ejemplo, puedes pegar papeles blancos en las paredes de la sala de juntas y dar un juego de rotuladores a cada participante de la reunión.

Luego, colectivamente, pero de forma ordenada, dibujaréis entre todos mapas mentales con los punto del día que queréis tratar. Verás que una reunión participativa es mucho más provechosa que la típica reunión pasiva.

¿Tu equipo no sabe hacer mapas mentales? Eso se arregla: invítame a formarles en una sesión de media jornada.

Problem solving:

Los mapas mentales funcionan muy bien en la resolución de problemas (*problem solving*).

Cuando tengas un problema, agarra un papel y rotuladores y empieza a especular con posibles soluciones. Tormenta mental de soluciones.

Le preguntaron al alcalde de New York, en relación a la crisis del 11-S, por qué no corría como todos. Y él afirmó: "Porque alguien

MAPAS MENTALES

tenía que pensar". Cuando hay un problema, alguien tiene que pensar: tú.

Los mapas son tu herramienta para pensar.

Primero haz una tormenta de ideas para captar posibles soluciones, después, agrúpalas y descarta las menos adecuadas. Y tendrás ante ti un resumen de varias estrategias diferentes para resolver lo que te preocupa.

Si una organización o profesional se enfrenta a una situación de cruce de caminos en la que debe tomar una decisión que cambie el futuro de su negocio, hacer un mapa mental representando cada uno de esos caminos le ayudará a escoger la mejor elección.

Tienes muchas opciones al elaborar tus mapas mentales con el ordenador, explóralas.

Aquí te paso una lista de ejemplos de mapas mentales que un emprendedor puede utilizar en diferentes etapas de su negocio, desde la creación hasta la gestión y expansión:

Creación del negocio:

1. Idea de negocio:

- Ramas: Propuesta de valor, Público objetivo, Mercado objetivo, Competencia, Necesidades del mercado.

- Subramas: Problema que resuelve, Diferenciación, Canales de distribución.

2. Plan de negocio:

- Ramas: Visión y Misión, Objetivos, Estrategia de marketing, Análisis financiero, Estructura legal.

- Subramas: Plan de ventas, Plan de operaciones, Proyecciones financieras, Riesgos.

3. Investigación de mercado:

- Ramas: Segmentación de Mercado, Tendencias del Sector, Análisis Competitivo, Perfil del Cliente Ideal.

- Subramas: Datos demográficos, Comportamiento del consumidor, Análisis fortalezas, Debilidades, Oportunidades, Amenazas.

4. Modelo de negocio:

- Ramas: Propuesta de valor, Segmentos de clientes, Canales de distribución, Socios clave, Estructura de costos.

- Subramas: Fuentes de ingresos, Recursos clave, Actividades clave, Relaciones con clientes.

5. Identidad de marca:

- Ramas: Valores de la marca, Mensaje de la marca, Diseño del logotipo, Estrategia de comunicación.

- Subramas: Color de la marca, Slogan, Colores corporativos, Identidad visual.

GESTIÓN DEL NEGOCIO:

1. Planificación de operaciones:

- Ramas: Producción, Logística, Inventario, Calidad, Recursos humanos.

- Subramas: Procesos de producción, Proveedores, Gestión de inventarios, Control de calidad, Contratación.

2. Gestión financiera:

- Ramas: Presupuesto, Flujo de caja, Contabilidad, Inversiones, Análisis de costos.

- Subramas: Previsión de ventas, Control de gastos, Análisis de rentabilidad, Estrategia fiscal.

3. Estrategia de marketing:

- Ramas: Posicionamiento, Estrategia de contenidos, Publicidad, Relaciones públicas, Promociones.

- Subramas: Marketing digital, Redes sociales, Campañas de publicidad, SEO/SEM, Colaboraciones.

4. Gestión del equipo:

- Ramas: Reclutamiento, Formación, Motivación, Evaluación de desempeño, Cultura corporativa.

- Subramas: Desarrollo de habilidades, Retención de talento, Clima laboral, Comunicación interna.

5. Atención al cliente:

- Ramas: Soporte, Canales de comunicación, Satisfacción del cliente, Gestión de reclamaciones.

- Subramas: Chat en vivo, Redes sociales, Encuestas de satisfacción, Políticas de devolución.

EXPANSIÓN DEL NEGOCIO:

1. Desarrollo de nuevos productos/servicios:

- Ramas: Investigación y desarrollo, Pruebas de producto, Estrategia de lanzamiento, Feedback del cliente.

- Subramas: Prototipos, Test de mercado, Plan de marketing, Mejora continua.

2. Expansión a nuevos mercados:

- Ramas: Análisis de Nuevos mercados, Adaptación de producto, Estrategia de entrada, Regulaciones Locales.

- Subramas: Estudios de mercado, Estrategia de precios, Canales de distribución, Cumplimiento normativo.

3. Estrategia de internacionalización:

- Ramas: Selección de países, Adaptación cultural, Alianzas estratégicas, Gestión de riesgos.

- Subramas: Análisis PEST (Político, Económico, Social, Tecnológico), Estrategias de Localización, Logística Internacional, Impuestos internacionales.

4. Innovación y tecnología:

- Ramas: Automatización de procesos, Transformación digital, Big Data.

- Subramas: Software de gestión, Herramientas de análisis, Seguridad informática, Innovación de productos.

Tarea para el lector: Crea un mapa mental para planificar la expansión de tu negocio a un nuevo nivel. Coloca Expansión de Negocio en el centro y crea ramas como: Nuevos desarrollos, Innovaciones, Mejoras, Digitalización, Logística mejorada, Presencia online...

Bajo cada una, detalla las acciones específicas que necesitas tomar, como "Actualizar el estudio de mercado", "Adaptar productos a mercado local", "Redefinir la estrategia de precios", "Mejorar proveedores"...

Este ejercicio te permitirá visualizar todas las partes de la expansión o mejoras y asegurarte de que ningún detalle se pase por alto. ¡Observa cómo tus ideas se organizan y cobran vida en un MM!

Como ves, hemos llevado los mapas mentales al ámbito empresarial y profesional.

Los mapas son dibujos, pero un tipo de dibujo que te puede hacer ganar mucho dinero, evitar muchos problemas y conseguir ahorrar mucho tiempo.

Cuando los utilices, estarás pensando desde la creatividad como un genio, creando muchas ideas inspiradas para luego seleccionar las mejores y llevarlas a un plan de acción que podrá ser convertido en la nueva realidad de tu negocio o profesión.

No nos han enseñado a pensar en la escuela, pero es hora de hacerlo y de empezar a usar una herramienta sencilla que nos ayude en ello.

5
MAPAS MENTALES PARA LA CREATIVIDAD

CUANDO UTILIZAMOS UN MAPA MENTAL, nuestra creatividad se dispara.

Por ello el *mind mapping* es una técnica que ayuda a generar nuevas ideas, a la vez que las ordena. Crea ideas que te llevan a más ideas, que a la vez te dirigen a otras ideas y así puede que hasta la idea definitiva.

> Una idea que da una idea, que da una idea, que da una idea...

Pero si no hubieras seguido ese camino, no habrías llegado a esa gran idea final; es decir, llegas a una idea final porque hubo una previa, y esa idea previa tuvo una idea de origen, y otra, y puede que otras más. Por ello, es mucho más fácil si dibujas ese camino con un mapa; porque si no, te pierdes y no llegas a esa idea definitiva, fresca, nueva, creativa y poderosa.

| ¿Cómo ser más creativos? Con mapas mentales.

Veámoslo.

Cuando haces un mapa mental, pongamos como ejemplo, con cinco ramas principales, eso significa que de la idea central o foco han aparecido cinco ideas como consecuencia. Eso es un aumento del 500% de tu creatividad. De una idea principal pasaste a cinco ideas principales.

Si de cada una de esas cinco ideas secundarias sacas tres nuevas ideas... pasas de una a quince (5x3), es un 1.500% de aumento de tu creatividad.

¿Qué te parece semejante aumento de creatividad? ¡Y todo por dibujar un mapa mental!

Y así hasta el infinito, con lo que se demuestra que la creatividad es infinita. Por esa razón, Einstein prefería la creatividad al conocimiento: una es ilimitada, lo otro está limitado.

Así que como ves, definitivamente te aconsejo hacer organigramas de ideas que te lleven a conseguir más y mejores ideas.

Algunos ejemplos útiles de mapas de ideas para negocios:

- Ideas para vender un producto.
- Ideas para desarrollar un servicio.
- Ideas para el año que viene.
- Ideas para resolver cualquier problema.
- Ideas para aumentar las ventas.
- Ideas para marketing.
- Ideas para gastar menos.
- Ideas para sistematizar.

Si vas a crear una *web* o quieres abrir un *blog*, prepara antes un mapa mental con todas tus ideas iniciales. Por ejemplo, indica cómo será el menú, qué pestañas tendrá, quién va a publicar regularmente, qué contenido se va a publicar o con qué periodicidad.

Aún recuerdo cuando le enviaba los esquemas en forma de mapas mentales a mi *webmaster*, para indicarle exactamente lo que esperaba conseguir en mi *web*. Él siempre me decía: "Raimon, eres el mejor cliente que tengo, me lo indicas todo clarísimo. Es muy fácil trabajar para ti porque me das ideas esquemáticas, con lo cual yo sé perfectamente qué quieres".

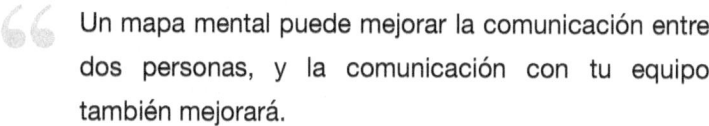

Un mapa mental puede mejorar la comunicación entre dos personas, y la comunicación con tu equipo también mejorará.

Un mapa visual es la herramienta para el flujo natural de ideas. A medida que las nuevas ideas aparecen, se pueden conectar y relacionar con las anteriores, de modo que de esta combinación salgan ideas inesperadas, originales y rompedoras a las que jamás sino habríamos llegado sin un proceso como el mapeo mental.

El proceso de *brainstorming* o de lluvia de ideas basado en las listas de ideas ya está más que superado. De hecho, el uso de mapas mentales le da unas cuantas vueltas, porque te permitirá ver mejor lo que los demás participantes expresan y combinar sus aportaciones con tus ideas.

El proceso creativo tiene sus fases:

1. Preparación.
2. Generación de preguntas.
3. Incubación de respuestas.
4. Generación de respuestas.
5. Organización de respuestas.
6. Revisión de respuestas.
7. Selección de respuestas.
8. Acción.

Para cada una de estas ocho fases, salvo en la tres, recomiendo usar mapas mentales.

Para descubrir nuestras capacidades internas y activar la intuición, dibujar es muy recomendable. Normalmente, nuestra intuición se activa cuando realizamos tareas placenteras, relajantes; como por ejemplo, garabatear en un papel; dibujar… Aunque

MAPAS MENTALES

parezca que no estamos trabajando, sí lo estamos haciendo. Por eso ausentarse del despacho puede ser mucho más valioso y productivo que encerrarse en él.

 Trabaja sobre tu negocio pero no dentro de él.

La intuición es un fenómeno que se produce espontáneamente, sin que se pueda forzar, y los entornos agradables y relajados son los más propicios para ello.

No puedes obligarte a tener buenas ideas, pero sí que puedes hacer que éstas estén a tu alcance.

Opino que en general tenemos más respuestas a nuestras preguntas de lo que imaginamos, puesto que cada problema que llega a nosotros viene con una solución pegada a él.

Por lo tanto, si permitimos que esa solución se revele, se muestra en tu mapa mental, tendremos un momento de revelación.

 La intuición puede estimularse (no forzarse) con una palabra, una imagen, un símbolo o una sensación.

Así que dados estos enormes beneficios, incluir elementos gráficos un mapa mental puede ser una tarea muy gratificante.

Cuando nos enfrentamos a una hoja en blanco, en realidad estamos haciendo un ejercicio de apertura mental, de vaciado de todas las ideas previas. Este contexto de apertura es el abono de la creatividad.

Los mapas mentales pueden ser herramientas útiles para artistas, ya sean pintores, músicos, escritores u otros creativos. Lee mis ideas sobre cómo un artista podría utilizar MM para generar más ideas creativas y a la vez mejorar la difusión y venta de sus obras.

Generación de ideas creativas:

1. Desarrollo de temas:

Coloca un tema central que te interese explorar, como "Naturaleza", "Emociones", "Ciudad", o "Sueños". A partir de ahí, crea ramas para diferentes aspectos del tema, como colores, formas, texturas, sensaciones, textos, tonos, etc. Esto te permitirá descomponer un concepto amplio en ideas específicas que podrías utilizar en tus obras sea cual sea tu arte.

2. Exploración de estilos y técnicas:

Usa un mapa mental para explorar diferentes estilos artísticos o técnicas musicales/literarias. En el centro, coloca "Nuevas Técnicas" y crea ramas para cada estilo o técnica que quieras probar (por ejemplo, "Impresionismo", "Jazz", "Abstracto"). Bajo cada rama, añade sub-ramas con ejemplos, artistas que han trabajado en ese estilo, y cómo podrías integrarlo en tu trabajo.

3. Inspiración de referencias:

Crea un mapa mental con el título "Inspiración" en el centro, y ramas para diferentes fuentes de inspiración: naturaleza, otros artistas, emociones, cultura popular, viajes, etc. Bajo cada una, anota ideas específicas que te vengan a la mente, obras de arte que te hayan influido, o experiencias personales que podrías transformar en arte.

4. Brainstorming de proyectos:

MAPAS MENTALES

Si estás planeando un nuevo proyecto, como una serie de pinturas o un álbum conceptual, usa un mapa mental para organizar todas tus ideas. Coloca el título del proyecto en el centro y crea ramas para temas, estilos, paleta de colores, instrumentos, narrativa, y posibles colaboraciones. Esto te ayudará a ver todas las partes del proyecto en un solo lugar y descubrir conexiones entre ellas.

Difusión y venta de creaciones:

1. Estrategia de marketing:

Crea un mapa mental con "Marketing" en el centro. Expande ramas como "Redes sociales", "Galerías virtuales", "Exhibiciones físicas", "Colaboraciones", y "Publicidad". Bajo cada rama, detalla estrategias específicas como "Calendario de publicaciones", "Colaboraciones con *influencers*", "Exposiciones en ferias de arte", y "Campañas de anuncios en Instagram".

2. Desarrollo de marca personal:

Usa un mapa mental para definir tu marca como artista. En el centro, coloca "Marca personal", y a partir de ahí crea ramas como "Estilo Visual/Musical", "Mensaje", "Público objetivo", "Valores", y "Historia personal". Bajo cada rama, trabaja en cómo quieres ser percibido como artista y cómo comunicarlo a través de tu arte y tus interacciones públicas.

3. Organización de eventos y exhibiciones:

Si estás planeando una exposición, un concierto o una firma de libros, usa un mapa mental para organizar los detalles. Coloca el nombre del evento en el centro, y ramas como "Lugar", "Promoción", "Invitados", "Patrocinios", y "Logística". Bajo cada rama, desglosa las tareas específicas que necesitas realizar para que el evento sea un éxito.

4. Gestión de ventas y distribución:

Crea un mapa mental para gestionar la venta y distribución de tus obras. En el centro, coloca "Ventas" y añade ramas para "Tiendas en línea", "Galerías/Exposiciones", "Mercados de arte", y "Distribución internacional". En cada una, detalla los pasos necesarios, como "Crear una tienda en línea", "Contactar con galerías", "Participar en ferias de arte", y "Explorar plataformas de venta globales".

5. Exploración de nuevos mercados:

Si quieres expandir tu alcance a nuevos mercados (por ejemplo, vender tus obras en otro país o dirigirte a un público diferente), usa un mapa mental para planificar esta expansión. Coloca "Nuevos Mercados" en el centro y crea ramas como "Investigación de mercado", "Adaptación cultural", "Marketing internacional", y "Logística". Bajo cada rama, anota los pasos específicos que necesitas seguir, como "Estudiar tendencias de arte en el mercado objetivo", "Adaptar el estilo para resonar con una nueva audiencia", o "Buscar distribuidores locales".

Tarea para el lector:

Ahora crea un mapa mental para planificar tu próxima obra o proyecto artístico, desde la concepción de la idea hasta la promoción y venta.

Coloca el nombre del proyecto en el centro y desarrolla ramas para "Inspiración", "Técnicas", "Estrategia de Marketing", "Venta", "Precios", "Comisionistas" y "Distribución".

Bajo cada rama, escribe las acciones concretas que vas a tomar. Este ejercicio te ayudará a tener una visión clara de todo el proceso creativo y comercial, asegurando que no se te escape ningún detalle.

Aplica los MM a tu arte y desata tu creatividad.

6

MAPAS MENTALES CON EL ORDENADOR

COMO PRÁCTICAMENTE EN todos los ámbitos, crear tus mapas mentales a mano es muy satisfactorio, pero hacerlos en el ordenador es mucho más práctico. Ya que podrás hacer cambios simplemente editando un mapa sin que tengas que empezar de cero.

 Usa los mapas en tu PC, Mac, *smartphone* y *tablet*.

Si quieres aprender a usar el mejor programa de mapas mentales en el ordenador, en mi formación presencial enseño como usar Ayoa.com aunque hay otros programas, generalmente muy buenos.

No pretendo hacer publicidad, solo menciono los que yo uso o he usado.

Mencionaré otros muchos programas, pero centrémonos en el programa desarrollado por el inventor de los mapas, Tony Buzan y su Ayoa.com (antes se llamaba iMindMap).

| Ejemplo de mapa hecho con ordenador.

Existen varias razones para usar mapas en el Mac/PC/Tablet.

La primera razón es que cuando tengas que hacer un cambio en un mapa mental manual, tendrás que volver a empezarlo de nuevo, lo que te supondrá una pérdida de tiempo. Eso no ocurre en el ámbito digital.

La segunda razón es que lo puedes guardar en forma de archivo en la memoria de tu ordenador, de modo que cuando quieras podrás hacerle retoques, duplicarlo, imprimirlo, enviarlo por correo (compartirlo) y volverlo a guardar. En fin, podrás utilizarlo tantas veces como quieras y en cualquier programa de presentación.

La tercera razón es que el ordenador te permitirá añadirle *links* con contenido enlazado a internet y subir imágenes directamente desde tu ordenador o a través de internet. También iconos.

Como ves, un ordenador te permite muchas más opciones al crear un mapa mental que el papel.

Dicho esto, debo decirte que ambos funcionan igual de bien, pero obviamente el ordenador ofrece más comodidad y opciones.

Así que resumiendo, aquí tienes las ventajas de utilizar un ordenador al crear un mapa mental:

Puedes editarlo tantas veces como quieras; a diferencia de un papel que se pierde, un archivo informático es muy fácil y práctico de guardar.

Puedes usar *links* que te dirijan al contenido citado; también puedes usar archivos de notas, imágenes propias e iconos de Internet.

Puedes insertar documentos en formato PDF; es muy fácil exportarlo a otros formatos, como el de imagen jpg.

Puedes enviarlo por correo electrónico o imprimirlo... a color o no.

...

Y puedes compartirlos con tu equipo de trabajo o subirlos a Internet en sitios como Biggerplate®, la casa de los mapas mentales en la nube.

Te recomiendo visitar esta *web*, es como el YouTube de los mapas mentales: miles y miles de mapas disponibles y muchas ideas para hacer los tuyos.

Sube los tuyos y muéstralos al mundo.

Aquí empieza la magia con los mapas mentales.

En cuanto a los negocios, los mapas mentales se hacen completamente imprescindibles, de modo que nos será muy útil trasladar nuestros mapas mentales al ordenador.

Aquí tienes algunas ideas de cómo hacerlo:

1. Convertir los mapas mentales a Power Point.
2. Convertir los mapas mentales a PDF.
3. Convertir los mapas mentales a hoja de calculo.
4. Convertir los mapas mentales a documento word.
5. Ver los mapas mentales en modo presentación en pantalla.
6. Convertir los mapas mentales a video y subirlos a You Tube o insertarlos en tu web.

Y sobre programas o software, ¿cuáles te recomiendo? Sin ningún interés comercial por mi parte (como ves no hay ningún enlace de afiliación), te indicaré los que uso personalmente en mi día a día, aquellos que mejor me han funcionado después de probar programas de todo tipo.

Para ordenador, ya sea Mac o PC, te recomiendo encarecidamente Ayoa.com. Yo uso este *software* tanto en el Mac como en la tablet. Hay versiones para ambos dispositivos. También para tu smartphone. Éste programa fue desarrollado por el creador de los mapas mentales, Tony Buzan (si quieres más libros sobre mapas mentales busca en Internet "Tony Buzan").

Aunque se trata del programa para mapas mentales más caro, es sin lugar a dudas el más creativo y espectacular, pues funciona realmente bien. Existe un período gratuito de prueba, consíguelo en: www.imindmap.com

Su competencia, enfocado a empresas, a buen nivel, es Mindjet® lo tienes en: www.mindjet.com

La alternativa más económica es XMind®, que también funciona muy bien. Existe en versión gratuita y de prueba en: www.xmid.net

Para la tablet a veces utilizo iThoughts®, que siendo el más barato, funciona fantásticamente bien tanto en *smartphones* como en *tablets*. En: www.ithoughts.com

Estos son mis preferidos, pero obviamente existen muchísimas más opciones disponibles, algunas de ellas completamente gratuitas. Mira en tu tienda *on line* de *apps* y verás infinidad de aplicaciones para *smartphone* y *tablet*.

Existen muchas aplicaciones, alguna gratuitas, otras de pago, unas muy sencillas, otras con más posibilidades.

Cada día surgen nuevas opciones. Elige según tus necesidades y presupuesto. Es un asunto muy personal, prueba y elige lo que te funcione mejor.

Hagamos un pequeño resumen los dos tipos de programas que existen:

1. **Desktop**: Se instala en tu PC y puedes usarlo sin tener acceso a Internet. Te descargas el programa y lo usas, estés o no conectado a la red.
2. **Web-based**: Éste es accesible desde cualquier PC, no necesita instalación previa y no ocupa memoria. Solamente se puede usar con conexión a Internet.

Usando iconos para ilustrar los mapas mentales.

Algunos programas desktop y app tablet:

• Freemind. Como se menciona en su sitio, se trata de la primera aplicación gratuita escrita en Java para la creación de mapas mentales. Se puede instalar en cualquier sistema operativo.

• Semantik. Es una aplicación local exclusiva para el entorno de escritorio KDE (usado en Linux). Esta herramienta, orientada principalmente a estudiantes, es útil para realizar presentaciones, minutas, disertaciones, tesis e informes.

- RecallPlus. Se trata de un software dirigido a estudiantes (para usuarios de Windows). Este programa tiene dos funciones claramente diferenciadas. Por un lado está la organización y representación gráfica de ideas; mientras que por el otro, se encarga de la revisión a través de preguntas y respuestas estructuradas.

- Labyrinth. Consiste en una herramienta muy sencilla y ligera, indicada para el entorno de escritorio GNOME (usado en Linux). Sus funciones esenciales son la edición y gestión de los mapas mentales.

- Vym (View Your Mind). Aplicación que genera y manipula sencillos mapas de pensamiento ideales para la gestión del tiempo y la organización de tareas. Para uso único en plataformas Mac Os X y Linux.

- PersonalBrain. Se trata de una aplicación multiplataforma con una versión gratuita y otra de pago. El valor añadido de este software radica en la inclusión de un calendario con el que podremos planificar cronológicamente nuestros mapas mentales.

- ConceptDrawmindMap. Es una herramienta ideal para project managers, muy visual.

- Eminec MYmap. Ideal para los procesos de *brainstorming*.

- MindGenius. Perfecta para negocios.

- MindVisualizer. Muy fácil de usar.

- MindMapper. Incluye muchas plantillas en ambos formatos, orgánico y pescado. Sirve para realizar un buen *brainstorming*.

- NovaMind. Es muy versátil y colorida.

- MindNode. Exclusiva para el ecosistema de Apple, MindNode es una opción sencilla y elegante para aquellos que prefieren trabajar en macOS o iOS. La app permite crear mapas mentales atractivos con facilidad y sincroniza automáticamente tus datos a través de iCloud.

- Inspiration. Es una herramienta muy indicada para su uso en escuelas.

Programas (software) web based y online:

- Bubble.us. Se trata de un sistema online gratuito donde facilitan mucho la creación de mapas tipo lluvia de ideas. Su servicio posibilita el trabajo colaborativo.

- MindMeister. Una de las más completas herramientas online. Posee diversas funcionalidades, como el trabajo colaborativo en tiempo real, la adición de notas o la valoración de mapas. • Mindomo. Ideal para la creación de mapas mentales. Dispone de una versión gratuita y de otra comercial. Permite crear, editar y compartir nuestros mapas con colegas y amigos.

- Mind42. Este servicio web tiene una de las interfaces más depuradas. Entre las funciones que lo distinguen de sus antecesores están la incrustación de imágenes mediante un buscador local y la vista previa de los enlaces web. Además, es gratuita.

- Wisemapping. Un sitio web gratuito que combina la potencialidad de tecnología vectorial (SVG y VLM) con el dinamismo colaborativo.

- MapMyself. Se trata de una aplicación que crea mapas mentales de apariencia orgánica, como si estuvieran hechos a mano.

Es posible que alguna de estas aplicaciones se haya descatalogado o haya mutado a una nueva versión con otro nombre. Y cada poco salen nuevas app. Explora en Internet, las hay a cientos y muchas gratuitas online.

Por supuesto, ten en cuenta que esta lista no es exclusiva, pues a la que te lances seguramente encontrarás nuevas aplicaciones de mapas mentales, algunas gratuitas y más sencillas; y otras de pago pero más sofisticadas.

Prueba lo que necesites y usa lo que mejor te funcione.

Cómo empezar con Mapas Mentales digitales:

1. Elige la app que mejor se ajuste a tus necesidades: Considera factores como la facilidad de uso, la integración con otras herramientas que ya utilizas, y si necesitas funciones de colaboración en tiempo real.

2. Crea un Mapa Mental simple para practicar: Empieza con un proyecto pequeño, como planificar tu semana o esbozar una idea de proyecto. Esto te ayudará a familiarizarte con las funciones de la aplicación.

3. Explora plantillas y estilos: La mayoría de las aplicaciones ofrecen plantillas que pueden ahorrarte tiempo. Experimenta con diferentes estilos para ver cuál funciona mejor para ti.

4. Utiliza funciones avanzadas: Una vez que te sientas cómodo con lo básico, prueba a agregar tareas, enlaces, notas, o incluso imágenes a tus mapas mentales. Estas características pueden hacer que tu mapa mental sea una herramienta de trabajo aún más útil.

5. Sincroniza y colabora: Si estás trabajando en equipo, invita a tus compañeros a colaborar en el mapa mental. Esto puede acelerar el proceso creativo y garantizar que todos estén en la misma página.

Tarea para el lector: Descarga una app de mapas mentales, como MindMeister o XMind, y crea tu primer mapa mental digital para un proyecto personal o profesional en el que estés trabajando. Juega con las funciones de la app, como agregar colores, iconos o notas, insertar imágenes de tu PC o Mac y ver cómo pueden enriquecer tu proceso de MM. Y sobre todo sus plantillas prediseñadas que te evitará mucho trabajo.

7
CÓMO SER MÁS CREATIVOS

HE AÑADIDO este capítulo porque muchos se interesan por potenciar su creatividad.

Dejemos los mapas mentales por un momento aunque hacer un MM después de una actividad creativa será la forma de concretar intuiciones e inspiraciones.

Una cosa es un mapa, otra un ordenador, y otra la mente creativa. Son tres instrumentos de creatividad

Mis consejos como (escritor) creativo son lo que sigue a continuación.

Imponte una cuota de ideas, buenas ideas, cada semana o mes. No es nada tan extraño. imponte tener "la buena idea de hoy" o de la semana.

T. Edison, con 1.093 patentes, tenía una cuota de 1 invento menor cada 10 días y 1 invento mayor cada 6 meses. Aunque también le robaba ideas a otros, como a Nicola Tesla. Este tipo se imponía crear algo nuevo cada semana y media por sistema. De no conseguirlo, había trabajado en balde esos días.

- Los escritores se imponen un número de páginas de su nuevo libro cada día.
- Los empresarios se imponen un número de clientes nuevos cada mes.
- Los dibujantes se imponen un número de viñetas cada día para sus álbumes.

Y tú también deberías tener tu cuota de buenas ideas, de ideas creativas, cada poco. Es así, creando muchas, como aparece alguna buena de verdad.

La creatividad no es tener muchas buenas ideas, sino tener muchísimas ideas (incluso malas y muy malas) de las cuales se salva una o dos nada más. Pero al haber creado tantas, es casi seguro que salen algunas ideas aprovechables. Es un tema de cantidad.

> Una persona creativa, un genio, no acierta en todo a la primera, pero crea tantas opciones, que finalmente algo bueno surge.

Lleva un "registro de ideas". Un bloc te servirá, o cualquier app. en tu teléfono móvil para tomar notas. Lleva un bloc de ideas por secciones: proyectos, productos, servicios, ventas y marketing, si es que tienes un negocio. Usa colores diferentes cada categoría. Y haz un MM.

Sí, haz mapas mentales de ideas. Y consérvalos, de vez en

cuando revísalos y verás como rescatas alguna idea para lo que andes metido en ese momento.

Tablón de ideas en iMindMap para hacer una tormenta de ideas.

El programa de ordenador puede tener una opción de *brainstorming* que consiste en un cartel de corcho simulado donde pegas unos post-it de colores simulados, y eso es convertible en un segundo en nuevo mapa mental. ¡Qué opción tan creativa! De la lluvia mental a un mapa mental, me resulta tan adecuado que no dejo de usarlo en mi trabajo.

Para ser creativo "nutre tu mente". Busca ideas, inspírate en cualquier parte. Lee revistas sobre temas que nunca sueles, ve a un quiosco a inspirarte, lee libros que de entrada no habrías leído, biografías, conferencias, cursos, audiolibros...

Viaja, sé curioso, ve documentales, indaga y sorpréndete en todo lo que veas, si buscas el lado oscuro de la Luna, descubrirás cosas nuevas en todas partes porque todo tiene su lado no visible para la mayoría.

Las tres b´:

El mejor momento para ser creativo es cuando no trabajas. Sí, has leído bien, cuando no haces nada. Los entendidos en creatividad lo llaman "las 3 b": *"bus, bath and bed"* (autobús, baño y cama). Tres momentos de relajación.

Y cuando más te relajas, más creativo eres. Cuando mejores ideas salen es con la relajación, incubación... porque el subconsciente trabaja en ello y procesa datos mientras no se piensa en ello.

El sabio Arquímedes inventó su famosa ley dentro de la bañera, el director de cine Spielberg ha creado películas conduciendo por las autopistas de L.A. y yo tengo grandes ideas para mis libros cuando salgo a correr para hacer ejercicio.

   Ser creativo implica usar la cabeza y el corazón, permitiendo un diálogo entre ambos.

- Henry Ford dijo: "Pensar es el trabajo más duro, por eso tan pocos lo hacen".
- T. Edison dijo que la genialidad es un 1% de inspiración y un 99% de transpiración.
- Steve Jobs decía que creatividad es tener suficientes puntos que unir.

¿Qué es la creatividad?

- Creatividad es unir dos ideas que nunca se han unido antes. Dos cosas que ya existían por separado pero que al unirse dan una tercera cosa totalmente diferente.
- Creatividad son nuevas ideas nacidas de conocimiento existente y que combina nuevos caminos neuronales en el cerebro que llevan a pensamientos originales.
- Creatividad es mirar con ojos nuevos lo viejo. Y descubrir algo inusitado.

Y dicho esto, todos podemos ser creativos, no hace falta haber nacido genio. La genialidad se hace al usar la mente. Todos pensamos pero algunos lo hacen inteligentemente. Y los menos, se ayudan de los mapas mentales, la herramienta de los genios.

Se sabe que los niños nacen siendo creativos pero que esa habilidad se va olvidando con los años, al recibir instrucciones limitadoras en el proceso de la educación convencional.

No se trata de conseguir ser creativos sino de recordar cómo era ser creativo. Es una habilidad que tenemos que rescatar no que conquistar. No es una habilidad que se construye sino que se olvida. Los colores te harán recordar esa creatividad innata.

Activar la intuición creativa y generar ideas más inspiradas es algo que muchos buscamos, especialmente en campos creativos o cuando enfrentamos desafíos que requieren soluciones innovadoras.

Estrategias y prácticas que pueden ayudarte a potenciar tu intuición creativa:

1. Meditación y *mindfulness*:

Conectar con el momento presente: la meditación y la práctica del mindfulness ayudan a calmar la mente y a reducir el ruido mental, lo que abre espacio para que surjan nuevas ideas. Dedicar unos minutos al día a la meditación puede ayudarte a conectar más profundamente con tu intuición.

Visualización creativa: durante la meditación, practica la visualización de un espacio creativo interno donde puedes explorar libremente ideas sin juicio. Imagina que caminas por un lugar lleno de posibilidades creativas.

2. Practicar la escucha activa:

Escucha tu voz interior: a menudo, la intuición habla en susurros que pueden ser fácilmente ignorados. Practicar la escucha activa, no solo hacia los demás, sino también hacia ti mismo, puede ayudarte a captar esas señales sutiles que guían tu proceso creativo.

Diálogos internos: conversa contigo mismo sobre un problema o idea. Pregunta y responde como si estuvieras en una conversación con un mentor interno. Esto puede desbloquear nuevas perspectivas.

3. Fluir con la inspiración:

Permitir el "flow": el "estado de flow" es una condición en la que te encuentras completamente inmerso en una actividad, perdiendo la noción del tiempo. Encuentra lo que te permite entrar en este estado (puede ser pintar, escribir, tocar un instrumento) y hazlo con regularidad.

Menos control, más libertad: a veces, planificar y controlar demasiado puede sofocar la creatividad. Permítete trabajar sin un objetivo rígido y deja que las ideas fluyan sin forzarlas.

4. Exposición a nuevas experiencias:

Ampliar tus horizontes: la intuición creativa se alimenta de nuevas experiencias. Viaja, lee libros sobre temas diferentes, aprende una nueva habilidad, o simplemente cambia tu rutina diaria. La exposición a lo nuevo y lo desconocido puede generar conexiones inesperadas en tu mente.

Desafía tu zona de confort: salir de tu zona de confort y enfrentarte a situaciones nuevas puede estimular la creatividad, ya que te obliga a pensar de manera diferente.

5. Sueños y reflexión:

Diario de sueños: mantén un diario de MM donde registres tus sueños tan pronto te despiertes. Los sueños a menudo contienen símbolos y mensajes de tu subconsciente que pueden ser fuente de inspiración creativa.

Reflexión sobre el día: dedica tiempo al final de cada día para reflexionar sobre tus experiencias y cualquier intuición que hayas tenido. Hacer un MM de tus pensamientos puede ayudar a clarificar y concretar ideas.

6. Creatividad consciente:

Ejercicios creativos: Participa en actividades que estimulen la creatividad, como escribir libremente, hacer garabatos, o improvisar con un instrumento musical. El objetivo es liberar la mente de la presión de crear algo "perfecto" y permitir que la creatividad fluya.

Técnica de "asociación libre": Escribe una palabra en el centro de una hoja y deja que tu mente genere asociaciones libremente. Esto puede ayudarte a descubrir nuevas ideas o enfoques que no habías considerado.

7. Conectar con la naturaleza:

Paseos al aire libre: Caminar en la naturaleza puede calmar la mente y activar la creatividad. La tranquilidad y la belleza natural permiten que las ideas surjan sin esfuerzo. Observación consciente: Dedica tiempo a observar detalles en la naturaleza, como los patrones en las hojas o los sonidos de los pájaros. Esta atención plena puede despertar la intuición y la creatividad.

Tarea para el lector: Crea un espacio creativo en tu rutina diaria. Dedica al menos 15 minutos cada día a una actividad creativa sin un objetivo específico en mente. Puede ser escribir, dibujar, pintar, bailar, cantar, tocar un instrumento, o simplemente meditar. Deja que tu mente divague y observa qué ideas surgen. Lleva un diario de MM para registrar cualquier idea o intuición que aparezca durante este tiempo.

Los mapas sacan a tu niño interior y te hacen más creativo.

MAPAS MENTALES

Recuerda, de niño usabas los lápices de colores y dibujabas. Es hora de recuperar la creatividad perdida, ayudado de los mapas mentales.

Seamos niños, y seremos de nuevo creativos. Juguemos con colores y esquemas y seremos de nuevo creativos. Tracemos mapas mentales para la creatividad y la genialidad.

Y si tienes hijos, enséñales esta divertida herramienta de pensamiento creativo, les ayudará a preparar sus exámenes.

Divulga los mapas mentales, inspira al mundo.

8
SIGUE AVANZANDO CON MAPAS MENTALES

MUCHAS PERSONAS ME PREGUNTAN: "¿Cómo puedes hacer tantas cosas y ser tan creativo?"

Es fácil, hace años descubrí una herramienta para aumentar la productividad que marcó un antes y un después: los "Mapas Mentales". Un punto de inflexión.

Ojalá los hubiera conocido de estudiante.

Mis 4 secretos de éxito son:

1. La disciplina.
2. El auto coaching.
3. La lectura intensiva.
4. Los Mapas Mentales.

Sobre esas cuatro columnas he construido mi imperio de experto, autor.

El "Mapa Mental" es la herramienta de la mente más poderosa que he conocido nunca.

Mejorará tu inteligencia, creatividad, concentración y memoria en cada aspecto de tu trabajo. Es la llave que abrirá tu poder y desatará tu productividad. Lo hizo conmigo y lo hará contigo.

Nadie te ha enseñado cómo funciona el pensamiento radiante, cómo trabajan ambos hemisferios y cómo hacer del pensamiento un proceso más eficiente.

Este es un sistema revolucionario para capturar ideas sobre el papel o tu tablet o PC, que acelerará tu aprendizaje, retención y creatividad.

Si utilizas todo su potencial, los Mapas Mentales transformarán tu forma de trabajar. Desde la gestión de proyectos hasta la lluvia de ideas y para realizar presentaciones con impacto.

Aprende a usar esta técnica revolucionaria para:

- Organizar el tiempo.
- Negociar acuerdos.
- Solucionar problemas.
- Hacer una carta de ventas.
- Clarificar la PUV.
- Presentaciones eficaces.
- Conferencias que venden.
- Lanzar proyectos.
- Organizar reuniones.
- *Coaching* a equipos.
- Planificación de negocios.
- Estrategias creativas.
- Campañas de ventas.
- Crear productos y servicios.
- *Brainstorming* de ideas.

- Pensar con claridad, creatividad y originalidad.
- Resolver problemas y tomar decisiones.
- Recordar cualquier cosa que desees estudiar.
- Tomar notas con rapidez y organizadamente.
- Organizar personas, tareas, ideas, metas...
- Planificar y negociar en tu negocio.
- Establecer objetivos y *self-coaching*.
- Recordar lo que quieras.
- Gestionar tu vida personal, auto análisis.
- Organizar reuniones, presentaciones, conferencias, informes...

Los Mapas Mentales sirven para activar tu creatividad. Mejor dicho: para desatarla.

La genialidad no es genética, es una habilidad adquirida. Los Mapas Mentales activan la creatividad latente en cualquier persona.

Usar los mapas en tu negocio te permitirá utilizar una herramienta con la que conseguirás una ventaja en tu profesión y negocio incalculable.

Ya sabes todo lo necesario para hacer mapas mentales. Si te parece que falta algo, te diré que lo único que falta es tu práctica (lo que te enseñará más y más). Ahora deja el libro y haz cientos de mapas mentales y verás como tu estilo se depura y te son cada vez más útiles.

La teoría de los mapas es muy sencilla, ya te la he explicado, lo que sigue es practicar y encontrar tu estilo propio.

EL AUTOR

| Raimon Samsó

Raimon Samsó es director del Instituto de Expertos, Licenciado en Ciencias Económicas y autor de 44 libros de desarrollo personal y profesional. Trabajó en 3 multinacionales y 3 entidades bancarias durante 15 años. En un giro de 180° dimite de su empleo por no coincidir con sus valores. Así fue como empezó desde cero en su nueva profesión como autor.

CONECTA CON EL AUTOR

Webs del autor:

www.elcodigodeldinero.com
www.raimonsamso.com
www.institutodeexpertos.com
www.tiendasamso.com
http://raimonsamso.info

Síguele en redes sociales:

- facebook.com/raimonsamso
- instagram.com/raimonsamso
- youtube.com/Raimonsamso
- amazon.com/author/raimonsamso

TE PIDO UN FAVOR

Quisiera pedirte un favor, para que este libro llegue a más personas, y es que lo valores con tu opinión sincera en la plataforma donde lo hayas comprado.

He de delegar en los lectores el marketing del libro porque en este mismo momento ya estoy deseoso de empezar a escribir un nuevo libro para ti.

Bendiciones.

www.raimonsamso.com

  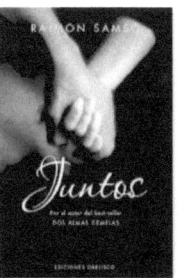 

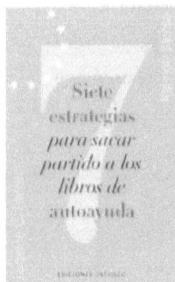   

www.raimonsamso.com

CRÉDITOS

EDICIONES
INSTITUTO EXPERTOS

"MAPAS MENTALES" Copyright © 2017 by Raimon Samsó, Instituto Expertos S.L.

Ninguna parte de este libro / ebook puede ser reproducida en cualquier forma o en cualquier medio electrónico sin permiso escrito del autor, excepto para uso en citas mencionando la fuente. Este libro / ebook está licenciado exclusivamente para el uso personal; no podrá ser revendido ni regalado a otras personas. Si deseas compartirlo con alguien, compra una licencia adicional adquiriendo un nuevo ejemplar digital. Gracias por respetar el trabajo del autor. Sólo si entre todos evitamos la piratería, el autor podrá publicar nuevos libros / ebooks en el futuro. Todos los derechos reservados, incluido el derecho de reproducción de este libro o parte de él, en cualquier forma y soporte. Ningún fragmento de este texto puede ser reproducido, transmitido ni digitalizado sin la autorización expresa del autor. La distribución de este libro / ebook a través de Internet o de cualquier otra vía sin el permiso del autor es ilegal y perseguible por la ley. No participes en la piratería digital de material protegido, crea bad karma.

Ilustraciones de Lucia Jimenez
Foto autor Berta Pahissa
Todos los derechos reservados
Versión libro / ebook 6.0 del 2024

www.ingramcontent.com/pod-product-compliance
Lightning Source LLC
Chambersburg PA
CBHW020441220526
45464CB00002B/804